खेल खेल में गणित

देवेन्द्र प्र. वर्मा

स्वर्ण जयन्ती

ISBN : 81-88599-70-0

स्वर्ण जयन्ती
4695, 21-ए, दरियागंज,
नयी दिल्ली-110002
द्वारा प्रकाशित

प्रथम संस्करण : 2016

मूल्य : ₹175.00

शुभम् आफसेट, शाहदरा, दिल्ली-110032
द्वारा मुद्रित

स्वर्ण जयन्ती, वाणी प्रकाशन की सहयोगी संस्था

अनुक्रम

भूमिका

गणित लोकप्रिय विषय है, ऐसा कहने पर पाठक कहीं-न-कहीं सोचने के लिए मजबूर हो सकते हैं कि ऐसा कहना क्या गणित विषय को बढ़ावा देने के लिए अतिश्योक्तिपूर्ण वाक्य तो नहीं है। लेकिन नहीं, ऐसा हम दृढ़ निश्चय से कह सकते हैं। प्रकृति द्वारा बनायी गयी सृष्टि में सभी कुछ रुचिकर होता है। यह निर्भर करता है कि देखने और समझने का जरिया क्या है। हमारी पुस्तक शृंखलाओं में ऐसी अनेकानेक विषयक पुस्तकें हैं जिनके विषय आम पाठकों को कम रुचिकर लगते हैं।

हमारा सकल प्रयोग यही है कि पुस्तकों को समझाने के रुचिकर प्रकार उपयोग में लाये जाये और खास तौर पर खेल-खेल में अंतरिक्ष, खगोल, गणित या विज्ञान विषयक सामग्री पाठकों को सहज ही समझायी जा सके, न् केवल समझायी जा सकती है वरन् जीवनपर्यंत जागृति भी उत्पन्न की जा सकती है।

उम्मीद है पाठक ये पुस्तकें पढ़ेंगे व उपयोगी पायेंगे।

नाश्ते पर पहेलियाँ

1. मैदान में गिलहरी–आज सुबह मैं एक गिलहरी के साथ आँख मिचौनी खेल रहा था,– विश्राम-गृह में नाश्ते पर बैठे लोगों में से किसी ने कहना शुरू किया। – पास के जंगल में आपने एक गोल खुली जगह देखी होगी, जिसके बीचों-बीच एक पेड़ खड़ा है। गिलहरी इसी पेड़ के पीछे छिपी थी। मैदान में आते ही मैंने तने की ओट से अपनी ओर झाँकती गिलहरी की आँखें देखी। उसे पूरी तरह देखने के लिए मैं सावधानीपूर्वक मैदान की दूसरी ओर चलने लगा। पर उसकी नाक के सिवा मैं कुछ भी नहीं देख पाया। वह चालाक पहले की तरह ही मुझसे छिपी पेड़ के तने पर खिसक जाया करती थी। मैं चार बार पेड़ की परिक्रमा कर गया पर गिलहरी के चारों ओर नहीं घूम सका।

–लेकिन, –किसी ने आपत्ती उठायी.– आप खुद कह रहे हैं कि चार बार पेड़ का चक्कर लगा आये।

–पेड़ का, गिलहरी का नहीं!

–लेकिन गिलहरी तो पेड़ पर ही थी?

–इससे क्या होता है?

–यही कि आप गिलहरी का भी चक्कर लगा आये।

–यह भी खूब चक्कर लगाना हुआ, यदि एक बार भी उसकी पीठ नहीं दिखी।

–पीठ का प्रश्न ही नहीं है। गिलहरी केंद्र में है और आप वृत्त की

परिधि पर घूम रहे हैं। अर्थात्, आप गिलहरी का चक्कर लगा रहे हैं।

—बिल्कुल नहीं। मान लें मैं आप के चारों ओर चल रहा हूँ और आप अपनी पीठ छिपाये हमेशा मेरी ओर घूमे जा रहे हैं। आप ही बतायें, क्या मैं आपका चक्कर लगा रहा हूँ?

—बेशक। और नहीं तो क्या?

—आपका चक्कर लगा रहा हूँ, हालाँकि आपकी पीठ नहीं देख सकता?

—आप पीठ के चक्कर में क्यों पड़े हैं? सार तो इसमें है कि आप मेरे चारों ओर घूम कर पुरानी जगह लौट आते हैं। पीठ देखना आवश्यक नहीं है।

—देखिये : किसी चीज का चक्कर लगाने का क्या अर्थ है? मेरे ख्याल में इसका सिर्फ एक अर्थ हो सकता है : एक क्रम से उन जगहों पर आ कर रुकना कि उस चीज को क्रमशः हर पार्श्व से देखा जा सके। मैं सही हूँ न, प्रोफेसर साहब? —बहस करने वाले ने पास बैठे वृद्ध से पूछा।

—सारतः आप शब्दों पर तर्क कर रहे हैं, — प्रोफेसर ने कहा। — ऐसी स्थितियों में बात उससे शुरू करनी चाहिए, जिससे निकली थी। पहले शब्दों के अर्थ तय कर लेने चाहिए। "किसी चीज का चक्कर लगाना" —इन शब्दों का क्या अर्थ है? इनके दो अर्थ हो सकते हैं। प्रथमतः यह समझा जा सकता है कि आप एक बंद (संवृत्त) वक्र पर घूम रहे हैं, जिसके भीतर वह चीज स्थित है। यह एक अर्थ हुआ। दूसरे उस चीज के चारों तरफ इस तरह घूमना कि उसका हर पार्श्व देखा जा सके। यदि पहले अर्थ का अनुसरण किया जाये, तो आपको मानना पड़ेगा कि आप गिलहरी के चार चक्कर लगा चुके हैं। दूसरे अर्थ के अनुसार आपने गिलहरी का एक भी चक्कर नहीं लगाया। जैसा आप देखते हैं, यदि दोनों पक्ष एक भाषा में बोलें और शब्दों को एक ही अर्थ में प्रयुक्त करें, तो यहाँ तर्क का कोई प्रश्न नहीं उठता।

—खैर, माना कि दो अर्थ हो सकते हैं। लेकिन कौन-सा अर्थ अधिक सही है?

—इस तरह प्रश्न रखने की जरूरत नहीं है। आप कोई भी अर्थ सही

मान सकते हैं। सिर्फ यह पूछना युक्तिसंगत होगा कि कौन-सा अर्थ सर्वमान्य है। मैं कहूँगा कि पहला अर्थ भाषा की आत्मा के अधिक निकट है। आपको ज्ञात है कि सूरज 25 दिनों से कुछ अधिक समय में अपनी धूरी पर एक बार घूम जाता है।

चित्र 1. "वह चालाक हर बार तने की दूसरी तरफ खिसक जाया करती थी"।

—सूरज धूरी पर घूमता है?

—बेशक, वैसे ही जैसे पृथ्वी अपनी धूरी पर। लेकिन कल्पना कीजिये कि सूरज का यह घूर्णन काफी धीमा है— वह 25 दिनों में नहीं, बल्कि $365\frac{1}{4}$ दिनों, अर्थात एक साल में एक पूरा चक्कर लगाता है। तब हमें सूरज का सिर्फ एक पृष्ठ दिखता; विपरीत अर्द्ध, सूरज की पीठ कभी नहीं देख पाते। लेकिन क्या इससे कोई कहता कि पृथ्वी सूरज के चारों ओर नहीं घूमती?

—हाँ, अब स्पष्ट है कि मैं गिलहरी के चारों ओर घूम रहा था।

—एक प्रस्ताव है, साथियों! यहाँ से हम लोग जाये नहीं। बारिश में कोई घूमने नहीं जायेगा और वह रुकने वाली नहीं लगती, —विवाद सुनने वालों में से एक ने कहा। — आइये, आज पहेलियों में समय व्यतीत किया जाये। शुरुआत हो चुकी है। हर आदमी बारी-बारी से कोई पहेली याद कर

या सोच कर सुनाये। प्रोफेसर साहेब हमारे निर्णायक रहेंगे।

—यदि पहेलियाँ बीजगणित अथवा रेखागणिन की होंगी, तो मुझे इन्कार कर देना चाहिए – एक युवती ने ऐलान किया।

—और मुझे भी! – किसी ने उसका साथ दिया।

—नहीं, नहीं, सभी को भाग लेना होगा। हम उपस्थित लोगों से अनुरोध करेंगे कि अपनी पहेलियों में बीजगणित या रेखागणित का उपयोग नहीं करें; सिर्फ उनकी शुरूआत का किया जा सकता है। किसी को आपत्ति है?

—तब मैं सहमत हूँ और पहली पहेली सुनाने के लिये तैयार हूँ।

—बहुत अच्छा, शुरू करें! – सब ओर से आवाजें आयीं।

2. साझे की रसाई. – मेरी पहेली का जन्म परिनगर की एक विश्राम-कुटी में हुआ था। समस्या, कहना चाहिये, घरेलू है। एक औरत ने, सहूलियत के लिये उसे त्रिलक्कड़ा कहें, साझे के चूल्हे में लकड़ी के तीन कुंदे डाले और दूसरी, पंचलक्कड़ा ने —पाँच। तीसरे आदमी, बिनलक्कड़ ने (आप समझ गये होंगे, उसके पास लकड़ी नहीं थी!) दोनों औरतों की सहमति से खाना बनाने में साझे के चूल्हे का उपयोग किया। इसके बदले उसने पड़ोसिनों को आठ कोपेक दिये। कैसे वे इस राशि को आपस में बाँटेंगी?

—आधा-आधा, —किसी ने उत्तर देने में जल्दीबाजी की। —बिनलक्कड़ ने आग का इस्तेमाल बराबर रूप में किया था।

—नहीं, —दूसरे ने आपत्ति की, —आग बनाने में दोनों औरतों की लकड़ियों के हिस्से को ध्यान में रखना चाहिये। जिसने तीन कुंदे दिये, उसे तीन कोपेक और जिसने पाँच कुंदे दिये, उसे पाँच कोपेक मिलने चाहिये। यह सही बँटवारा होगा।

—मित्रों, —उस आदमी ने टोका, जिसने खेल का प्रस्ताव रखा था और अब इस सभा का अध्यक्ष माना जा रहा था, —पहेलियों का हल अभी नहीं बतायें। हरेक को सोचने का अवसर देते हैं। सही उत्तर का निर्णय जज महोदय शाम के खाने पर करेंगे। अब दूसरा आदमी शुरू करे। पायोनियर जी, आपकी बारी है।

3. स्कूली अध्ययन-मंडिलियों* का कार्य. – हमारे स्कूल में, –पोनियर ने शुरू किया, –5 मंडलियाँ हैं, जिनमें क्रमशः मिस्त्री, बढ़ईगिरी व फोटोग्राफी के कार्य, शतरंज का खेल तथा कोरस-गान सिखाया जाता है। मिस्त्रियों की मंडली एक दिन छोड़ कर काम करती है, बढ़ईयों की –दो दिन छोड़कर हर तीसरे दिन, फोटोग्राफी की–हर चौथे दिन और शतरंज व कोरस-गान की –क्रमशः हर पाँचवे तथा छठे दिन। एक जनवरी को स्कूल में सभी पाँच मंडलियाँ काम कर रही थीं। इसके बाद दिये गये रूटिन के अनुसार काम करती रहीं। प्रश्न है कि प्रथम तीन महीनों में ऐसी कितनी शामें थीं जब स्कूल में पाँचों मंडलियाँ साथ काम कर रही थीं?

–यह अधिवर्ष था या साधारण वर्ष? –पायोनियर से पूछा गया।

–साधारण? अर्थात् तीन महीनों-जनवरी, फरवरी और मार्च में 90 दिन गिने जाने चाहिये?

–जाहिर है।

मैं आपकी पहेली में एक और प्रश्न शामिल करने की अनुमति माँगता हूँ, –प्रोफेसर ने कहा। –इन तीन महीनों में कितनी ऐसी शामें थीं, जब स्कूल में एक भी मंडली काम नहीं कर रही थी?

–मैं समझ गया!–आवाज सुनायी दी। – प्रश्न में एक चाल छिपी है। कोई भी ऐसा दिन नहीं होगा, जब सभी पाँच मंडलियाँ काम करेंगी या एक भी नहीं करेगी। यह बिल्कुल साफ है।

–क्यों ? –अध्यक्ष ने पूछा।

–मैं समझा नहीं सकता, पर मुझे लग रहा है कि जवाब देने वालों को बेवकूफ बनाना चाहते हैं।

–यह कोई तर्क नहीं हुआ। शाम को पता चलेगा कि आपको सही लग रहा है या गलत। अब आपकी बारी है, मित्र!

4. कौन अधिक गिना?–दो आदमी एक घंटे के दौरान फूटपाथ पर

---

* मुख्य विषयों से परे किसी चीज में दिलचस्पी रखने वाले बच्चे क्लास के बाद उसका अध्ययन मंडलियों में करते हैं। आवश्यक शिक्षकों तथा उपकरणों की व्यवस्था स्कूल की ओर से की जाती है। – **अनु.**

सभी आने और जाने वाले लोगों को गिन रहे थे। पहला आदमी घर के फाटक के पास खड़ा था और दूसरा फूटपाथ पर आगे-पीछे घूम रहा था। किसकी गिनती में अधिक लोग आये?

—चलते रहने पर अधिक लोग गिनती में आ जायेंगे, यह बिल्कुल स्पष्ट है, —टेबुल के दूसरे छोर से आवाज आयी।

—उत्तर शाम को पता चलेगा, —अध्यक्ष ने ऐलान किया। —अब किसकी बारी है?

5. दादा-पोता.—मैं सन् 1932 की बात बताने जा रहा हूँ। उस समय मेरी उम्र ठीक उतनी थी, जितनी मेरे जन्म-वर्ष के दो आखिरी अंकों की संख्या बताती है। जब मैं ने इस संबंध में अपने दादा जी से बात की, तो उन्होंने यह कह कर मुझे आश्चर्यचकित कर दिया कि उनकी उम्र के साथ भी यही बात है। मुझे यह असंभव सा लगा...

—जाहिर है कि असंभव है, —किसी की आवाज बीच से उठी।

—मानिये कि बिल्कुल संभव है। दादाजी ने यह सिद्ध कर के दिखा दिया। क्या उम्र थी उस समय हम दोनों की?

6. रेल-टिकटें.—मैं स्टेशन पर बुकिंग-क्लर्क हूँ, —खेल में आगे भाग लेने वाली ने कहा। —बहुतों को यह काम आसान लगता है। उन्हें संदेह भी नहीं होता कि एक छोटे स्टेशन के भी बुकिंग-क्लर्क को टिकटों की कितनी बड़ी संख्या के साथ काम करना पड़ता है। आखिर यात्रियों को उस लाइन के किसी भी स्टेशन तक जाने के लिये टिकट की जरूरत पड़ सकती है और एक ही ओर की नहीं, बल्कि दोनों ओर की आती-जाती टिकट की भी आवश्यकता पड़ सकती है। मैं 25 स्टेशनों वाली लाइन पर काम करती हूँ। बतायें कि इन सभी स्टेशनों के लिए कुल कितने प्रकार के टिकट रेल-विभाग को छापने पड़ते हैं?

—अब आपकी बारी है, पायलट महोदय, —अध्यक्ष ने कहा।

7. हेलीकाप्टर की उड़ान.—लेनिनग्राद से एक हेलीकाप्टर ठीक उत्तर की ओर उड़ता है। इस दिशा में 500 कि॰ मी॰ उड़ने के बाद वह पूर्व की ओर मुड़ता है। इस दिशा में फिर 500 कि॰ मी॰ उड़ने के बाद वह दक्षिण

की ओर मुड़ता है और 500 कि. मी. उड़ता है। इसके बाद पश्चिम की ओर मुड़ता है और 500 कि. मी. उड़ कर उतर आता है। प्रश्न है : हेलीकाप्टर के उतरने का स्थान कहाँ है; लेनिनग्राद से किस ओर है– पूरब, पश्चिम, उत्तर या दक्षिण?

—बेवकूफों के लिये यह सवाल है, —किसी ने कहा, —500 कदम आगे, 500 कदम दायें, 500 कदम पीछे और 500 कदम बायें—कहाँ आये? वहीं, जहाँ से चले थे।

—फिर बतायें, कहाँ आपके अनुसार हेलीकाप्टर उतरा?

—उसी लेनिनग्राद के हवाई अड्डे पर, जहाँ से उड़ा था। क्या सही नहीं है?

—नहीं।

—तब मेरी समझ में कुछ नहीं आ रहा।

—सचमुच इसमें कोई गड़बड़ी है, —पड़ोसी ने बातचीत में घुसते हुए कहा। —क्या हेलीकाप्टर लेनिनग्राद में नहीं उतरा?... क्या प्रश्न दुहरा नहीं सकते आप?

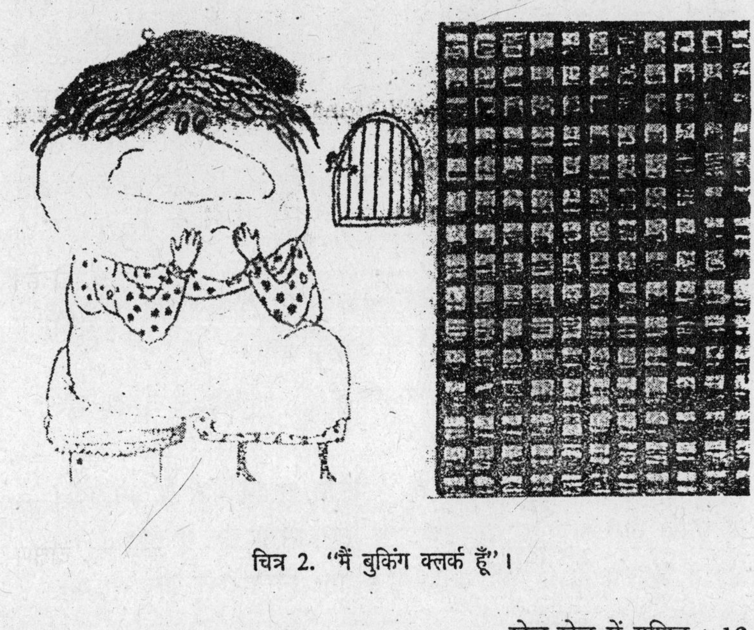

चित्र 2. "मैं बुकिंग क्लर्क हूँ"।

पायलट ने सहर्ष अनुरोध पूरा कर दिया। ध्यानपूर्वक सुनने के बाद सब चकरा कर एक दूसरे की ओर देखने लगे।

-खैर, -अध्यक्ष ने कहा, -इस प्रश्न के बारे में सोचने के लिये शाम तक समय है। अभी आगे चलें।

8. छाया.-अगली पहेली सुनाने वाले ने हेलीकाप्टर को ही अपनी पहेली का कथानक बनाने की अनुमति मांगी और पूछाः क्या बड़ा होगा -हेलीकाप्टर या उसकी पूर्ण छाया?

-बस इतनी-सी पहेली है?

-हाँ

छाया निस्सदेह हेलीकाप्टर से बड़ी होगी, क्योंकि सूर्य-किरणें पंखों की तरह अपसृत होती हैं, -हल तुरन्त सामने रखा गया।

-उल्टा, -किसी ने आपत्ति की, सूर्य-किरणें समानांतर चलती हैं, अतः हेलीकाप्टर और उसकी छाया बराबर होंगी।

-क्या कहते हैं? क्या आपने कभी बादलों के पीछे छिपे सूरज से अपसृत होती किरणों को नहीं देखा है? जब खुद आँखों से देखेंगे, तब विश्वास करेंगे कि सूर्य-किरणें कितनी अपसृत होती हैं। हेलीकाप्टर की छाया हेलीकाप्टर से काफी बड़ी होगी, जैसे बादल की छाया खुद बादल से बड़ी होती है।

-फिर सूर्य-किरणों को अक्सर सामानांतर क्यों मानते हैं? नौयात्री, ज्योतिर्विद् -सभी यही मानते हैं . . .

अध्यक्ष ने विवाद बढ़ने नहीं दिया और अगली पहेली के लिय अनुरोध किया।

9. तीलियों का प्रश्न. - अगले वक्ता ने टेबुल पर डिब्बी की सारी तीलियाँ उलट दी और उन्हें तीन ढेरों में बाँटने लगा।

-आप क्या अंगीठी सुलगाना चाहते हैं? -श्रोताओं ने मजाक शुरू किया।

-पहेली तीलियों से संबंधित है, -पहेली सुनाने वाले ने समझाया। -ये रहे उनके तीन असमान ढेर। तीनों में कुल मिला कर 48 तीलियाँ हैं। किस ढेर में कितनी हैं, मैं नहीं बताऊँगा। आप निम्न तथ्य जान लें: यदि

पहले ढेर से दूसरे में इतनी तीलियाँ मिला दूँ, जितना दूसरे ढेर में थीं, फिर दूसरे से तीसरे में उतनी तीलियाँ रखू जितनी तीसरे ढेर मे पहले से थीं और, अंत में तीसरे से पहले ढेर में उतनी तीलियाँ डाल दूँ, जितनी पहले ढेर में बची होंगी, तो सभी ढेरों में तीलियों की संख्यायें समान हो जायेंगी। अब बताइये, प्रत्यक ढेर में पहले कितनी तीलियाँ थीं?

10. धोखेबाज ठूंठ.–यह पहेली, –अगले ने कहना शुरू किया, –एक प्रश्न की याद दिलाती है, जिसे बहुत दिन पहले एक ग्रामीण 'गणितज्ञ' ने मुझे दिया था।

यह एक पूरा किस्सा था और काफी मजेदार किस्सा था। जंगल में एक किसान को कोई अनजान बूढ़ा मिला। दोनों बातें करने लगे। बूढ़े ने किसान को ध्यान से देखा, फिर कहा :

–मैं जंगल में एक कटे ठूंठ को जानता हूँ। जरूरत पर मदद करने का वह अनोखा गुण रखता है।

–कैसे वह मदद करता है? रोग दूर करता है?

–वह दवा का काम नहीं करता। वह पैसे दुगुने करता है। उसकी जड़ के पास बटुआ रख कर सौ तक गिनते हैं –और बटुए में पैसे दुगुने हो जाते हैं। ऐसा अनूठा गुण है उस ठूंठ में।

–काश, मुझे एक मौका मिलता! –किसाने ने सपने देखते हुए कहा।

–तुम भी कर सकते हो। लेकिन मुफ्त में नहीं; पैसे देने होंगे।

–किसे? काफी महंगा होगा क्या?

-उसे, जो राह दिखायेगा। मतलब कि मुझे। और महंगे-सस्ते की बात अलग से होगी।

मोल-जोल शुरू हो गया। यह जान कर कि किसान के पास पैसे कम हैं, बूढ़ा एक बार पैसे दुगुना कराने के 1 रूबल 20 कोपेक लेने को मान गया। इसी पर दोनों राजी हो गये।

बूढ़ा किसान को घने जंगल में ले गया, काफी देर तक घुमाता रहा और अंत में झाड़ियों में घास से दबे एक ठूंठ के पास पहुँचा। किसान के हाथ से बटुआ लेकर बूढ़े ने उसे ठूंठ की जड़ों के बीच घुसेड़ दिया। 100

तक गिनने के बाद बूढ़े ने जड़ों में इधर-उधर कुछ ढूंढ़ना और टंटोलना शुरू कर दिया। अंत में उसने बटुए को ढूंढ निकाला और किसान के हाथों में दे दिया।

किसान ने बटुए में झाँक कर देखा पैसे सचमुच दुगुने हो गये थे! उसमें से उसने 1 रूबल 20 कोपेक गिन कर बूढ़े को दे दिये और बचे पैसों को फिर से अनूठे ठूंठ की जड में रखने का अनुरोध किया।

फिर सौ तक गिना गया, बूढ़ा फिर जड़ों में हाथ घुसा कर कुछ ढूंढ़ने-सा लगा और चमत्कार फिर से दुहरा गया : बटुए में पैसे दुगुने हो गये। बूढ़े को बटुए से शर्त के अनुसार पुनः 1 रूबल 20 कोपेक मिल गये।

बटुए को तीसरी बार ठूंठ की जड़ों में घुसाया गया। पैसे इस बार भी दुगुने हो गये। लेकिन जब किसान बूढ़े को मेहनताना अदा कर चुका, तो बटुए में एक कोपेक भी नहीं बचा। बेचारे ने इस गोरख-धंधे में सारे पैसे गँवा दिये। दुगुना करने को अब कुछ बचा नहीं था और किसान उदास होकर जंगल से निकल पड़ा।

पैसे दुगुने होने के चमत्कार का रहस्य तो आप बेशक समझ गये होंगे: बूढ़ा यूं ही जड़ों के बीच बटुआ ढूढ़ने में देर नहीं लगाया करता था। लेकिन क्या आप दूसरे प्रश्न का उत्तर दे सकते हैं : धोखेबाज ठूंठ के साथ ये अभागे प्रयोग करने के पहले किसान के पास कितने पैसे थे?

11. दिसंबर की समस्या.—साथियों, भाषाविद् होने के नाते मैं गणित से बहुत दूर हूँ, —अधेड़ आदमी ने कहना शुरू किया (उसी की बारी थी अब पहेली सुनाने की)। —मुझसे गणित के प्रश्नों की उम्मीद न करें। मैं सिर्फ अपने परिचित क्षेत्र से ही कोई प्रश्न पूछ सकता हूँ। कैलेंडर से संबंधित एक पहेली है। सुनाऊँ?

—अवश्य!

—बारहवें महीने का नाम है "दिसंबर"। क्या आप "दिसंबर" का अर्थ जानते हैं? इस शब्द का मूल है यूनानी शब्द "देका"*, अर्थात् दस। देकालीटर का अर्थ है दस लीटर, देकाद का—दस दिन, आदि। इस प्रकार बारहवें महीने दिसंबर का नाम हुआ "दसवाँ"। इस गड़बड़ी को कैसे समझाया जा सकता है?

—बस, अब एक और पहेली बच गयी है, —अध्यक्ष ने घोषित किया।

12. अंकगणित का जादू.—मेरा नंबर आखिरी है, बारहवाँ। मन बहलाव के लिये मैं अंकों का एक जादू दिखाता हूँ। आपसे अनुरोध होगा कि आप उसका रहस्योद्‌घाटन करें। आप में से कोई या अध्यक्ष महोदय, आप, एक कागज पर मुझ से छिपा कर तीन अंकों की कोई संख्या लिख लें।

—इनमें शून्य भी हो सकते हैं?

—कोई रोक नहीं है। कोई भी तीन अंकों की संख्या, जो आपको पंसद हो।

—लिख लिया। अद क्या करना है?

—इसके पास ही इस संख्या को फिर से लिख कर इसे छः अंकों की संख्या बना लें।

—तैयार है।

—कागज अपने पड़ोस में बैठे आदमी को दे दीजिये, जो मुझसे दूर बैठा है। वह इसमें सात से भाग दे ले।

—कहना आसान हैः सात से भाग दे लें। हो सकता है कि संख्या सात से कटे ही न।

—पहले भाग दीजिये, फिर देखा जायेगा।

—आपके भाग्य से भाग पूरा हो गया।

—भागफल बिना मुझे बताये कागज अपने दूसरे पड़ोसी को दे दीजिये। वह उसमें 11 से भाग दे ले।

—आप सोचते हैं कि फिर भाग लग जायेगा?

—भाग दीजिये। शेष नहीं बचेगा।

—सचमुच शेष नहीं बचता! अब क्या करना है?

—उत्तर अगले आदमी को दे दें। वह उसे... उदाहरण के लिये, 13 से विभाजित करे।

—अच्छी संख्या नहीं चुनी आपने। ऐसी संख्यायें बहुत ही कम हैं, जो 13 से विभाजित होती हैं।... अरे नहीं, आपकी किस्मत अच्छी है! पूरा-पूरा कट जाता है।

—एक कागज पर उत्तर लिख कर मुझे दे दीजिये। कागज मोड़ लीजिये, ताकि मैं संख्यायें देख न सकूं।

कागज खोले बगैर "जादूगर" ने कागज अध्यक्ष को सौंप दिया।

—यह रही संख्या, जिसे आपने पहले सोच कर लिखा था। ठीक है न?

—बिल्कुल ठीक! —कागज खोल कर आश्चर्य से उसने कहा। —यही संख्या मैंने सोची थी... अब कोई पहेली सुनाने वाला नहीं रहा, अतः सभा खत्म करनी चाहिये। अच्छा है कि वर्षा भी थम चुकी है। पहेलियों के उत्तर आज ही शाम को खाने पर घोषित किये जायेंगे। आप उनके हल कागज पर लिख कर मुझे दे सकते हैं।

1—12 पहेलियों के हल

1. मैदान में गिलहरी वाली पहेली का पूर्ण विश्लेषण पहले ही दिया जा चुका है। हम आगे की पहेलियाँ देखेंगे।

2. जैसा कि बहुत से लोग करते हैं, आठ कोपेक को 1 कोपेक प्रति कुंदे की दर से 8 कुंदों का मूल्या मानना गलत होगा। पैसे 8 कुंदों के तीसरे भाग के लिये दिये गये थे, क्योंकि आग का इस्तेमाल तीनों ने समान रूप से किया था। इससे निष्कर्ष निकलता है कि 8 कुंदों की कीमत 8 × 3, अर्थात 24 कोपेक आँकी गयी थी और एक कुंदे की कीमत थी 3 कोपेक।

अब समझना सरल होगा कि किसे कितना मिलना है। पंचलक्कड़ा ने 5 कुंदों के रूप में 15 कोपेक खर्च किया, लेकिन उपयोग किया सिर्फ 8 कोपेक का। उसे 15—8, अर्थात 7 कोपेक मिलने चाहिये। त्रिलक्कड़ा को तीन कुंदों के लिए 9 कोपेक मिलने चाहिये, पर वह 8 कोपेक का उपभोग कर चुकी है। अतः उसे 9—8, अर्थात 1 कोपेक मिलना चाहिए।

अतः सही बँटवारे के अनुसार पंचलक्कड़ा को 7 कोपेक मिलने चाहिए और त्रिलक्कड़ा को —1 कोपेक।

3. यदि हम ऐसी लघुत्तम संख्या ढूंढ़ लें, जो बिना शेष 2, 3, 4,5 तथा 6 से विभाजित हो, तो प्रथम प्रश्न—कितने दिनों बाद स्कूल में सभी मंडलियाँ

फिर एक साथ काम करेंगी—का उत्तर आसानी से दिया जा सकता है। स्पष्ट है कि ऐसी संख्या 60 है। अर्थात 61-वें दिन फिर से पाँचों मंडलियाँ एक साथ काम करेंगीः मिस्त्रियों की 30 द्वि-दिवसीय अंतराल के बाद, बढ़ईगिरी की —20 त्रि-दिवसीय अंतरालों के बाद, फोटोग्राफी की— 15 चौ-दिवसीय अंतरालों के बाद, शतरंज़ की —12 पंच-दिवसीय अंतरालों के बाद और कोरस-गान की —10 छ-दिवसीय अंतरालों के बाद। 60 दिन के पहले ऐसी शाम नहीं हो सकती। ऐसी शाम फिर 60 दिनों बाद आयेगी, पर यह वर्ष के दूसरे चतुर्थांश में होगा।

इस प्रकार, प्रथम चतुर्थांश में सिर्फ एक शाम होगी, जब पाँचों मंडलियाँ फिर से एक साथ काम करेंगी।

पहेली के दूसरे प्रश्न—कितनी शामों को एक भी मंडली काम नहीं करेगी—का हल अधिक जटिल है। इस तरह के दिनों को ज्ञात करने के लिये 1 से 90 तक की सभी संख्याओं को लिख लेना होगा। इनमें से मिस्त्रियों की मंडली के काम करने के दिनों को, अर्थात 1,3,5,7,9, आदि संख्याओं को काट देना होगा। इसके बाद इनमें से बढ़इयों की मंडली के काम करने के दिन, अर्थात 4-थे, 7-वे, 10-वे, आदि दिन काटने पड़ेंगे। जब हम फोटोग्राफी, शतरंज तथा कोरस-गान की मंडलियों के काम करने के दिन काट चुकेंगे, तो सिर्फ वे दिन बचेंगे, जब प्रथम चतुर्थांश में एक भी मंडली ने काम नहीं किया।

इतना कर चुकने के बाद आप देख सकते हैं कि मंडलियों के काम से छुट्टी के दिन बहुत-से हैं— कुल 24 दिन। जनवरी में ऐसे दिन 8 होंगेः 2-री, 8-वीं, 12-वीं, 14-वीं, 18-वीं, 20-वीं 24-वीं तथा 30-वीं जनवरी। फरवरी और मार्च में क्रमशः 7 और 9 ऐसे दिन होंगे।

4. दोनों ने आने-जाने वालों की एक ही संख्या गिनी। फाटक के पास खड़ा व्यक्ति आने वालों और जाने वालों, दोनों को ही गिनता गया। सड़क पर आगे-पीछे घूमने वाला व्यक्ति सिर्फ अपने सामने से आने वाले लोगों को गिनता है। पर चूंकि वह दोनों दिशाओं में घूम रहा है, वह भी आने वालों और जाने वालों—दोनों को ही—गिन रहा है।

हल दूसरी तरह से भी दिखाया जा सकता है। फूटपाथ पर घूम-घूम

कर गिनने वाला व्यक्ति जब पहली बार अपने खड़े मित्र के पास लौटता है, दोनों आने-जाने वालों की एक ही संख्या पाते हैं, क्योंकि हर आदमी, जो खड़े व्यक्ति के पास से गुजरता है, घूम-घूम कर गिनने वाले को सामने से आता दिखेगा। (या जाते वक्त या लौटते वक्त)। इसका विपरीत भी सत्य है। अतः हर बार जब घूम कर गिनने वाला व्यक्ति अपने खड़े मित्र के पास लौटता है, उतने ही लोगों को गिनता है, जितनों को खड़ा व्यक्ति गिन चुका होता है। एक घंटे बाद जब दोनों गिनने वाले आखिरी बार मिलते हैं और अपनी-अपनी गिनती एक दूसरे को बताते हैं, तब भी यही होगा।

5. पहली निगाह में लगता है कि प्रश्न सचमुच गलत हैं : निष्कर्ष निकलता है कि दादे और पाते की उम्र एक ही है। पर, जैसा हम अभी देखेंगे, प्रश्न की शर्तें सरलतापूर्वक पूरी हो जाती हैं।

पोता अधिक संभव है कि 20-वीं सदी में पैदा हुआ था। अतः उसके जन्म के साल के प्रथम दो अंक 19 होंगे और पूरी संख्या में सैकड़े का स्थान लेंगे। बाकी बचे अंकशों की संख्या दुगुना करने पर 32 आना चाहिये। ऐसी संख्या 16 है। अतः पोते के जन्म का वर्ष है 1916 और सन् 1932 में उसकी उम्र 16 वर्ष थी।

दादा का जन्म निस्संदेह 19-वीं सदी में हुआ था; उसके जन्म वर्ष के प्रथम दो अंक 18 है। बाकी बचे अंकों की संख्या को दुगना करने परे 132 आने चाहिये। ऐसी संख्या 132 की आधी, अर्थात 66 होगी। दादा का जन्म सन् 1866 में हुआ था और 1932 वह 66 वर्ष का था।

इस प्रकार सन् 1932 में दादे और पोते, दोनों की ही उम्र उतनी थी, जितनी उनके जन्म साल के आखिरी दो अंक बताते हें।

6. 25 स्टेशनों में से प्रत्येक पर ग्रात्री बाकी बचे स्टेशनों में से किसी के लिये भी टिकट मांग सकते हैं। अंतः $25 \times 24 = 600$ प्रकार के भिन्न टिकट छापने पड़ेंगे। यदि यात्रियों को सिर्फ जाने के लिये ही नहीं, बल्कि वापस लौटने के लिये जाती-आती टिकट की भी जरूरत पड़ती है, तो विभिन्न टिकटों की संख्या दुगुनी, अर्थात 1200 हो जायेगी।

7. प्रश्न में कोई अंतर्विरोध नहीं है। यह नहीं सोचना चाहिये कि

हेलीकाप्टर एक वर्ग की परिरेखा पर उड़ता है। पृथ्वी के गोल आकार को भी ध्यान में रखना चाहिये। बात यह है कि उत्तर की ओर देशांतर रेखायें परस्पर पास होती जाती हैं (चित्र 3), अतः लेनिनग्राद के अक्षांश से 500 कि. मी. उत्तर के अक्षांश पर 500 कि. मी. चल कर हेलीकाप्टर अधिक देशांतर रेखाओं को पार करता है, बनिस्बत कि पुनः लेनिनग्राद के अंक्षाश पर 500 कि.मी. की दूरी तय करने के बाद। फलस्वरूप, हेलीकाप्टर के उतरने का स्थान लेनिनग्राद से पूरब है।

कितना पूरब? इसका परिकलन किया जा सकता है। चित्र 3 में आप हेलीकाप्टर द्वारा तय किये गये रास्ते को देखते हैं– ABCDE। बिंदु N उत्तरी ध्रुव है। यहाँ से देशांतर रेखायें AB तथा DC अपसृत होती हैं। हेलीकाप्टर पहले उत्तर की ओर, अर्थात AN देशांतर रेखा पर 500 कि. मी. (A से B तक) उड़ता है। देशांतर पर 111 कि. मी. की दूरी पृथ्वी के केंद्र पर 1 डिग्री का अक्षांश कोण बनाती है, अतः 500 कि. मी. की दूरी 500 : 111≈4.5° का अक्षांश कोण बनायेगी। लेनिनग्राद (A) का अक्षांश 60° है, अतः B का अक्षांश होगा 60° + 4.5° = 64.5°। इसके बाद हेलीकाप्टर पूरब की ओर 500 कि. मी. की दूरी (BC) तय करता है।

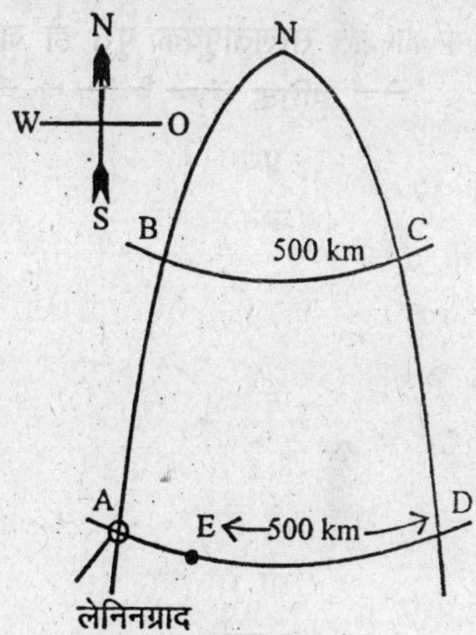

चित्र 3

परिकलन कर सकते हैं या सारणियों से पता लगा सकते हैं कि BC अक्षांश (64.5°) पर 48 कि. मी. की दूरी पृथ्वी के केंद्र पर एक डिग्री का देशांश कोण बनाती है। अतः 500 कि. मी. की दूरी 500 : 48 ≈ 10.4° का देशांश कोण बनाती है। अर्थात हेलीकाप्टर B से C तक में 10.4° देशांश तय करता है। इसके बाद वह CD देशांतर रेखा पर 500 कि. मी. चल कर पुनः लेनिनग्राद के अक्षांश पर पहुँच जाता है। अब वह पश्चिम की ओर D से A की ओर

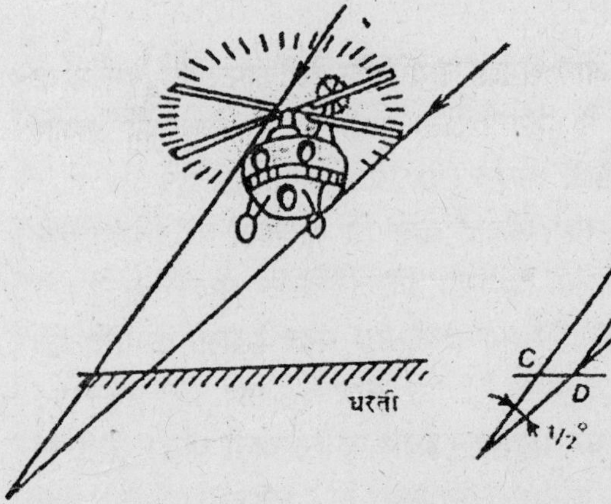

चित्र 4

500 कि॰ मी॰ की दूरी तय करता है और यह दूरी AD से कम है। AD दूरी में उतने ही देशांश हैं जितने BC में, अर्थात 10.4°। पर 60° अक्षांश पर एक डिग्री देशांतर की लंबाई 55.5 कि॰ मी॰ है। अतः AD की पूरी लम्बाई हुई 55.5 × 10.4 ≈ 577 कि॰ मी॰। इस प्रकार, हम देखते हैं कि हेलीकाप्टर लेनिनग्राद में नहीं, बल्कि उससे 77 कि॰ मी॰ पूरब उतरता है। यहाँ लादोश्की झील है और हेलीकाप्टर को पानी की सतह पर उतरना पड़ा होगा।

8. इस प्रश्न पर बहस करने वाले लोगों ने कई गलत बातें कही हैं। यह गलत है कि पृथ्वी तक आने वाली सूर्य-किरणों के अपसरण की गणना की जा सकती है। पृथ्वी सूर्य की दूरी की तुलना में इतनी छोटी है कि किरणों के अपसरण का कोण नगण्य होता है। व्यावहारिक तौर पर इन किरणों को समानांतर मान सकते हैं। बादलों के पीछे से झाँकते सूर्य की किरणों का पंखाकार अपसरण परिप्रेक्ष्य के प्रभाव के कारण प्रतीत होता है।

परिप्रेक्ष्य में समानांर किरणें दूर जा कर संसृत प्रतीत होती हैं। आप दूर जाने वाली रेल-पटरियों या किसी लम्बी वीथी का दृश्य स्मरण कर सकते हैं।

लेकिन सूर्य-किरणों के पृथ्वी पर समानांतर आपतन से यह निष्कर्ष निकालना गलत होगा कि होलीकाप्टर तथा उसकी छाया के आकार बराबर

होंगे। चित्र 4 को देखकर आप समझ जायेंगे कि हेलीकाप्टर की पूर्ण छाया का आकार पृथ्वी की दिशा में घटेगा। अतः पृथ्वी तल पर छाया का आकार हेलीकाप्टर के आकार से छोटा होगाः CD छोटा होगा AB से।

यदि हेलीकाप्टर की सही ऊँचाई ज्ञात हो, तो दोनों की लंबाइयों के अंतर का कलन किया जा सकता है। माना कि हेलीकाप्टर पृथ्वी-तल से 100 मीटर की ऊँचाई पर उड़ रहा है। *AC* तथा *BD* सरल रेखाओं के बीच का कोण जमीन से सूर्य का दृश्य-कोण है। इस कोण का माप 1/2° ज्ञात है। यह भी ज्ञात है कि आँखों पर 1/2° को कोण बनाने वाली वस्तु आँखों से अपने आकार के 115 गुनी अधिक दूरी पर होती है। अतः रेखा-खंड *MN* (जो जमीन पर स्थित आँख पर 1/2° का कोण बनाती है) *AC* का 115-वाँ अंश है। *AC* की लम्बाई *A* से जमीन तक की अनुलांबिक लंबाई से बड़ी है। यदि सूर्य-किरणें पृथ्वी तल के साथ 45° का कोण बनाती हैं, तो AC की लम्बाई (जब कि हेलीकाप्टर की ऊँचाई 100 मीटर है) लगभग 140 मीटर होगी। अतः $MN = \frac{140}{145} \approx 1.2$ मीटर।

लेकिन हेलीकाप्टर की लंबाई और उसकी छाया की लंबाई का अंतर *MB* बड़ा है *MN* से। चूंकि $\angle MBD$ लगभग ठीक 45° है, MB 1.4 गुना बड़ा है *MN* से। अतः $MB = 1.2 \times 1.4 \approx 1.7$ मीटर।

जो कुछ भी ऊपर कहा गया है, वह हेलीकाप्टर की पूर्ण छाया के बारे में कहा गया है, जो काली ओर स्पष्ट होती है। ये कथन तथा कथित उपछाया (अर्द्धछाया) के लिये सही नहीं उतरते, जो हल्की तथा अस्पष्ट होती है।

हमारे कलन से स्पष्ट है कि यदि हेलीकाप्टर जगह पर 1.7 मीटर से कम व्यास वाला कोई गुब्बारा होता तो जमीन पर उसकी कोई पूर्ण छाया नहीं बनती। हम सिर्फ धूंधली अर्द्धछाया देखते।

9. प्रश्न का हल अन्त से शुरू करते हैं। अंत में तीनों ढेरों में तीलियों की संख्यायें बराबर थीं। तीलियों का इधर-उधर रखना उनकी कुल संख्या पर कोई प्रभाव नहीं डालता, अतः उनकी कुल संख्या पहले की तरह 48 ही रही। अतः अंत में हर ढेर में 16 तीलियाँ थी :

पहला ढेर	दूसरा ढेर	तीसरा ढेर
16	16	16

ठीक इसके पहले प्रथम ढेर में उतनी तीलियाँ रखी गयी थीं, जितनी उसमें पहले से थीं। दूसरे शब्दों में, प्रथम ढेर में तीलियों की संख्या दुगुनी हो गयी। अर्थात प्रथम ढेर में 16 नहीं, बल्कि सिर्फ 8 तीलियाँ थीं। तीसरे ढेर में, जहाँ से 8 तीलियाँ ली गयी थीं, 16 + 8 = 24 तीलियाँ थीं:

पहला ढेर	दूसरा ढेर	तीसरा ढेर
8	16	24

अब, हमें ज्ञात है कि इसके पूर्व दूसरे ढेर से तीसरे में उतनी तीलियाँ रखी गयी थीं, जितनी उसमें पहले से थीं। अर्थात, 24— तीसरे ढेर में पहले से पड़ी तीलियों की दुगुनी संख्या है। अतः तीलियों के प्रथम हेर-फेर के बाद ढेरों में उनकी संख्या का क्रम इस प्रकार था:

पहला ढेर	दूसरा ढेर	तीसरा ढेर
8	16 + 12 = 28	12

अब समझना आसान है कि तीलियों के प्रथम हेर-फेर के पहले (अर्थात दूसरे ढेर में जितनी तीलियाँ थीं, उतनी ही उसमें पहले ढेर से लाने के पहले) ढेरों में तीलियों की संख्या का क्रम इस प्रकार था:

पहला ढेर	दूसरा ढेर	तीसरा ढेर
22	14	12

ढेरों में तीलियों की संख्या का आरंभिक क्रम यही है।

10. इस पहेली का हल भी अंत से शुरू करना अधिक सरल होगा। हमें ज्ञात है कि तीसरी बार पैसों के दुगुने होने पर बटुए में 1 रूबल 20 कोपेक की राशि थी (जिसे बूढ़े ने अंतिम बार प्राप्त किया)। दुगुना होने के पहले कितने पैसे थे? 60 कोपोक। ये 60 कोपेक बूढ़े को 1 रूबल 20 कोपेक देने के बाद बचे थे, अतः बटुए में कुल राशि थी 1 रूबल 20 कोपेक + 60 कोपेक = 1 रूबल 80 कोपेक।

अब : दूसरी बार पैसों के दुगुने होने के बाद बटुए में 1 रूबल 80 कोपेक की राशि थी। दुगुना होने के पहले बटुए में 90 कोपेक थे, जो बूढ़े को 1 रूबल 20 कोपेक देने के बाद बचे थे। अतः बटुए में कुल राशि 90 कोपेक +1 रूबल 20 कोपेक =2 रूबल 10 कोपेक थी। पहली बार पैसों के

दुगुने होने के पहले बटुए में कितने पैसे थे? 2 रूबल 10 कोपेक का आधा, अर्थात 1 रूबल 5 कोपेक। यही वह राशि है, जिससे किसान ने अपना असफल कारोबार शुरू किया था।

देखें कि उत्तर सही है या नहीं।

बटुए की राशि

पहली बार दुगुने होने पर .... 1 रू. 5 को. × 2 = 2 रू. 10 को.

पहली बार बूढ़े को देने पर............ 2 रू. 10 को. –1 रू. 20 को. = 90 को.

दूसरी बार दुगुने होने पर............... 90 को. × 2 = 1 रू. 80 को.

दूसरी बार बूढ़े को देने पर .... 1 रू. 80 को. – 1 रू. 20 को. = 60 को.

तीसरी बार दुगुने होने पर .... 60 को. × 2 = 1 रू. 20 को.

तीसरी बार बूढ़े को देने पर........... 1 रू. 20 को. –1 रू. 20 को. = 0

11. आज का कैलेंडर प्राचीन रोमनों के कैलेडर से बना है। जूलियस सीजर तक रोमन वर्ष की शुरूआत 1 जनवरी से नहीं बल्कि 1 मार्च से मानते थे। इस प्रकार उस दिसंबर दसवाँ महीना ही था। वर्ष की शुरूआत 1 जनवरी से मानने का निर्णय लेते समय महीनों के नामों में कोई परिवर्तन नहीं किया गया था। इसीलिये महीनों के नामों तथा उनकी क्रम-संख्या में असंगति पैदा हो गयी, जो अभी तक कई महीनों के नामों के साथ रह गयी है।

महीनों के नाम	नामों के अर्थ	क्रम-संख्या
सितंबर	सातवां	9
अक्टूबर	आठवां	10
नवंबर	नवां	11
दिसंबर	दसवां	12

12. सोची गयी संख्या के साथ क्या किया गया था, ध्यान से देखते जायें। सबसे पहले उसके पास वैसी ही संख्या लिख कर छः अंकों की संख्या बना ली गयी थी। यह वही हुआ यदि उस संख्या पर तीन शून्य बैठा देते और उसमें वहीं संख्या जोड़ देते। उदाहरणार्थः

872872 = 872000 + 872

सख्या के साथ दरअसल् क्या किया गया था, अब अधिक स्पष्ट है: उसमें 1000 से गुणा कर दिया गया फिर गुणनफल में उसे जोड़ दिया गया। यदि संक्षेप में कहें, तो सोची गयी संख्या को 1001 से गुणा कर दिया गया।

फिर इस गुणनफल के साथ क्या किया गया? उसे क्रमानुसार 7,11 तथा 13 से विभाजित कर दिया गया। इसका अर्थ है कि उसमें 7 × 11 × 13 = 1011 से भाग दे दिया गया।

इस प्रकार, सोची गयी संख्या में 1001 से गुणा किया गया और इसके बाद गुणनफल में 1001 से भाग दे दिया गया। आश्चर्य नहीं, यदि फिर वही संख्या प्राप्त हो जाती है।

* *

*

विश्राम-गृह की पहेलियों का अध्याय खत्म करने के पहले मैं आपको अंकगणित के तीन और जादू बाताना चाहता हूँ, जो आप अपने मित्रों को विश्राम के क्षणों में दिखा सकेंगे। इनमें से दो की मदद से आप मन में सोची गयी संख्या भाँप सकते हैं और तीसरे की मदद से आप बता सकते हैं कि कौन सी चीज किसके पास है।

ये जादू पुराने हैं। संभव है कि आप इन्हें जानते हों, पर वहुतों को शायद ही पता होगा कि वे किस बात पर आधारित हैं। जादू के सैद्धांतिक आधार को जाने बिना उसे विश्वासपूर्वक दिखा सकना असंभव है। प्रथम दो जादुओं का आधार दिखाने के लिये आपको प्रारंभिक बीजगणित के क्षेत्र में एक विल्कुल सहज और सरस यात्रा करनी पड़ेगी।

13. कटा हुआ अंक–आपका मित्र कोई बहुअंकी संख्या, उदाहरण के लिये 847, सोच कर रखता है। आप इसके अंकों को जोड़ने के लिये कहें: 8+4+7 = 19। योगफल को उस संख्या से घटाने को कहें। आपके मित्र के पास वचेगा: 847—19 = 828।

अब आपका मित्र बची संख्या में से कोई एक अंक काट दे– कोई भी; कोई फर्क नहीं पड़ता– और बाकी आपको बता दे। आप फौरन वह

कटा अंक बता देते हैं, हाँलाकि आप नहीं जानते कि क़ौनसी संख्या सोची गयी थी तथा उसके साथ कैसे क्या किया गया था।

कैसे आप यह कर सकते हैं और इस जादू का रहस्य क्या है?

यह काफी सरल है: आप कोई ऐसा अंक ढूढ़ते हैं, जो बताये गये अंकों के योग से जुड़ कर 9 की निकटम अपवर्त्य संख्या (9 से बिना शेष विभाजित होने वाली संख्या) दे सके। उदाहरण के लिये, यदि संख्या 828 में से पहला अंक (8) काटा गया हो तथा आपको 2 और 8 अंक बताये गये हों, तो आप उन्हें जोड़ कर 8+2=10 प्राप्त करते हैं। 9 से कटने वाली इसकी निकटतम संख्या 18 है। 8 की कमी है। यही वह अंक है, जो काटा गया था।

ऐसा क्यों होता है? किसी संख्या में से उसके अंकों के योग को घटाने पर 9 से विभाजित होने वाली संख्या ही बचती है, अर्थात बची संख्या के अंकों का योग 9 से विभाजित होगा ही। मान लें कि सोची गयी संख्या में अंक a सैकड़े के स्थान पर है, अंक b दहाई के तथा अंक c इकाई के स्थान पर हैं। मतलब कि इस संख्या को निम्न प्रकार से व्यक्त किया जा सकता है:

$$100a + 10b + c$$

इस संख्या से उसके अंकों का योगफल $a + b + c$ घटाने पर प्राप्त होगा:

$$100\,a + 10b + c - (a + b + c) = 99a + 9b = 9(11a + b)$$

$9(11a + b)$ निस्संदेह 9 से विभाजित होता है। अतः किसी भी संख्या से उसके अंकों के योगफल को घटाने पर ऐसी संख्या मिलेगी, जो 9 से बिना शेष विभाजित होती है।

जादू दिखाते वक्त ऐसा भी हो सकता है कि बताये गये अंकों का योगफल स्वयं 9 से विभाजित होता है (जैसे 4 और 5)। इसका मतलब हैं कि काटा गया अंक 0 या 9 है। आपका उत्तर भी ऐसा ही होना चाहिये: 0 या 9।

इसी जादू का एक और बदला हुआ रूप: सोची गयी संख्या में से उसके अंकों के योगफल को घटाने की बजाय उसमें से उसके अंकों के उलट-फेर

से प्राप्त कोई संख्या घटायी जा सकती है। उदाहरणार्थ, संख्या 8247 से 2748 घटायी जा सकती है (यदि उलट-फेर से प्राप्त संख्या सोची गयी संख्या से बड़ी हो, तो बड़ी में से छोटी संख्या घटाते हैं)। इसके बाद वही करते हैं, जो पहले किया गया था:

8247–2748 = 5499। यदि काटा गया अंक 4 हो, तो बताये गये अंकों को जोड़ कर आप 5 + 9 + 9 = 23 प्राप्त करते हैं और समझ जाते है कि अंक 4 काटा गया है, क्योंकि 23 के लिये 9 से कटने वाली निकटतम संख्या 27 है, अर्थात 23 में 4 जोड़ने पर 9 से कटने वाली निकटतम संख्या 27 प्राप्त होती है।

14. बिना कुछ पूछे संख्या भाँपना–आप अपने मित्र से तीन अंकों की कोई संख्या सोचने को कहते हैं। संख्या ऐसी होनी चाहिये कि अन्तिम अंक शून्य न हो तथा किनारे कें अंकों का अंतर 2 से कम न हो। इसके बाद आप उसे इस संख्या के अंकों का क्रम उलट कर लिखने को कहते हैं। दोनों संख्याओं में से जो बड़ी हो, उसमें से वह छोटी को घटा ले। फिर, उत्तर में प्राप्त संख्या को उल्टे क्रम से लिख कर उसमें उत्तर की संख्या जोड़ने को कहते हैं और इसके बाद यह योगफल आप अपने मित्र को स्वयं बता देते

यदि सोची गयी संख्या, उदाहरण के लिये, 467 हो, तो मित्र को उसके साथ निम्न क्रियायें करनी पड़ती हैं:

467; 764;	764	297
	– 467	+ 792
	297	1089

यही आखिरी योगफल– 1089–आप अपने मित्र को बताते हैं। कैसे आप यह भाँपते हैं।

प्रश्न को व्यापक रूप में देखें: माना कि संख्या के अंक a, b, c हैं। c शून्य नहीं है और a तथा c का अंतर दो से कम नहीं है। संख्या को निम्न रूप में व्यक्त किया जा सकता है :

$$100a + 10b + c$$

इस सख्या के क्रम को उलटने पर प्राप्त संख्या है :

$$100c + 10b + a$$

दोनों संख्याओं का अंतर है :

$$99a - 99c$$

अब इसका निम्न रूपांतरण करें : $99a - 99c = 99(a - c) = 100(a - c) - (a - c) = 100(a - c) - 100 + 100 - 10 + 10 - a + c) = 100 (a - c - 1) + 90 + (10 - a + c)$.

अर्थात संख्याओं का अंतर ऐसी संख्या है, जिसम

सैकड़े का अंक है :$a - c - 1$,

दहाई का अंक है : 9,

इकाई का अंक है :$10 + c - a$

इस संख्या के अंकों का क्रम उलट देने पर प्राप्त संख्या है :

$$100 (10 + c - a) + 90 + (a - c - 1)$$

यदि इन दोनों संख्याओं को जोड़ दें:

$$100 (a - c - 1) + 90 + 10 + c - a$$

$$+$$

$$100 (100 + c - a) + 90 + a - c - 1,$$

तो मिलता है : $100 . 9 + 180 + 9 = 1089$.

अर्थात a,b,c कोई भी अंक हों, आपको हमेशा एक ही संख्या मिलेगी: 1089। इसीलिये उत्तर भाँपना कठिन नहीं है; आप इसे पहले से जानते हैं।

स्पष्ट है कि एक ही व्यक्ति को यह जादू दो बार नहीं दिखाया जा सकता, अन्यथा रहस्य खुल जायेगा।

15. किसने क्या लिया? इस मनोरंजक जादू को दिखाने के लिये तीन छोटी-मोटी वस्तुएं जो आसानी से जेब में आ जाये (जैसे पेंसिल, चाबी औरी छुरी), तैयार रखनी चाहिये। इसके अतिरिक्त, टेबुल पर एक तश्तरी में 24 बादाम रख दें। बादाम न हों तो तीलियों, सिक्कों आदि से भी काम चलाया जा सकता है।

तीन मित्रों को आप पेंसिल, चाबी और छुरी में से एक-एक चीज (जिसे

जो पसंद हो!) आपकी अनुपस्थिति में छिपा कर अपनी जेबों में रख लेने को कहते हैं। आप ताड़ने का दावा करते हैं कि किसकी जेब में कौन-सी चीज़ है।

भाँपने की क्रिया इस प्रकार है। जब चीजें जेबों में छिपा ली गयी हों, आप कमरे में लौटते हैं और हरेक को तश्तरी में से बादाम देते हैं– एक को एक, दूसरे को दो तथा तीसरे को तीन। इसके बाद आप मित्रों को निम्न निर्देश दे कर कमरे से पुनः बाहर आ जाते हैं। आपकी अनुपस्थिति में आपके मित्र तश्तरी से और भी बादाम लें: पेंसिल छिपाने वाला मित्र उतने ओर बादाम ले, जितने आपने उसे दिये थे; चाबी छिपाने वाला–जितना आप ने उसे दिया था, उसका दुगुना; छुरी वाला– जितना आपने उसे दिया था, उसका चौगुना।

बाकी बादाम तश्तरी में पड़े रहें।

जब यह सब हो चुका हो और आपको वापस लौटने का संकेत मिल जाये, तब आप कमरे में आते हैं और तश्तरी पर एक निगाह डाल कर बता देते हैं, किसकी जेब में कौन-सी चीज छिपी है।

जादू बिल्कुल चक्कर में डाल देता है, क्योंकि यह बिना किसी ऐसे सहायक के दिखाया जाता है, जो आपको चुपके-चुपके इशारे से कुछ बता सके। इसमें कोई झूठ या धोखा नहीं है : जादू पूरी तरह से गणितीय कलन पर आधारित है। आप सिर्फ तश्तरी में बचे बादामों की संख्या के आधार पर चीज छिपाने वाले को भाँपते हैं तश्तरी में अधिक बादाम नहीं बचते; सिर्फ 1 से 7 तक बच सकते हैं और आप उन्हें सिर्फ एक निगाह में गिन सकते हैं। लेकिन बचे बादामों की संख्या से यह कैसे बताया जा सकता है कि किसने क्या लिया है?

यह बिल्कुल सरल है: मित्रों के बीच चीजों के हर वितरण के लिये तश्तरी में बचे बादामों की संख्या अलग होगी। यह अभी सिद्ध करेंगे।

माना कि आपके मित्रों के नाम हैं: कंस्टांटीन, गियोर्गी तक व्लादीमिर। उन्हें क्रमशः क, ग और व अक्षरों द्वारा घोषित करें चीजों का नामकरण भी अक्षरों में कर लें: पेंसिल– a, चाबी– b और चाकू–c। कितने प्रकार से तीन वस्तुयें तीन लोगों के बीच वितरित हो सकती हैं? छः प्रकार से :

क	ग	व
a	*b*	*c*
a	*c*	*b*
b	*a*	*c*
b	*c*	*a*
c	*a*	*b*
c	*b*	*a*

स्पष्ट है कि कोई अन्य स्थिति नहीं हो सकती; हमारी सारणी में सिलसिलेवार से सारे संभव क्रमचय निहित हैं।

अब देखें कि इन छः वितरणों के अनुरूप तश्तरी में बचे बादामों की संख्यायें क्या होती हैं :

क ग व	लिये गये बादामों की संख्या			कुल	बचे बादाम
a b c	1+1=2;	2+4=6;	3+12=15	23	1
a c b	1+1=2;	2+8=10;	3+6=9	21	3
b a c	1+2=3;	2+2=4;	3+12=15	22	2
b c a	1+2=3;	2+8=10;	3+3=6	19	5
c a b	1+4=5;	2+2=4;	3+6=9	18	6
c b a	1+4=5;	2+4=6;	3+3=6	17	7

आप देखते हैं कि बचे बदामों की संख्यायें हर वितरण के लिये अलग हैं। इसीलिये इन संख्याओं के आधार पर आप बता सकते हैं कि किसने क्या लिया है। आप तीसरी बार कमरे से बाहर निकलते हैं और अपनी पुस्तिका में देखते हैं, जिसमें आपने ऊपर की सारणी उतार रखी है। सारणी में आपको सिर्फ प्रथम तथा अन्तिम स्तम्भों की आवश्यकता पड़ेगी। उन्हें याद कर लेना कठिन है, पर इसकी आवश्यकता भी नहीं है। यह सारणी आपको बता देगी कि किसकी जेब में कौनसी चीज है। यदि, उदाहरण के लिये, तश्तरी में 5

बादाम बचे हों, तो इसका अर्थ वितरण *b,c,a :*

चाबी—कंस्टांटीन के पास
छूरी—गियोर्गी के पास
पेंसिल—व्लादीमिर के पास।

जादू के सफल प्रदर्शन के लिये आप को अच्छी तरह याद होना चाहिये कि आप ने किसे कितने बादाम दिये थे। बेहतर रहेगा, यदि आप नामों के अकारादि क्रम से बादाम बाटेंगे, जैसा कि हमने किया है।

दर्जन भर और पहेलियाँ

31. डोरी*. और डोरी चाहिये? –माँ ने कपड़े धोने की बाल्टी से हाथ निकालते हुए पूछा। –मैं क्या डोरी का भंडार हूँ? जब देखो, डोरी की माँग! कल ही तो मैंने एक बड़ा अंटा दिया था तुम्हें। क्या करोगे इतनी डोरी का? अंटा कहाँ गया?

–अंटा कहाँ गया? –बच्चे ने उत्तर दिया –पहले तो उसका आधा तुमने खुद वापस ले लिया...

–तो मैं कपड़ों के बंडल किस चीज से बाँधती?

–बाकी का आधा टोम ने ले लिया, उसे गड़हे में मछली पकड़नी थी।

बड़े भाई को जरूर देनी चाहिये।

–मैंने दे भी दिया। थोड़ा सा बचा था, उसमें से आधा पापा ने गैलिस मरम्मत करने के लिये ले लिया, जो कार के साथ दुर्घटना के वक्त उनकी हँसी से टूट गया था। इसके बाद बहन को अपने बाल बाँधने के लिये डोरी की जरूरत पड़ी और उसने बाकी का 2/5 हिस्सा ले लिया..

–और बाकी डोरी का क्या किया तुमने?

–बाकी का? 30 से॰ मी॰ ही तो बची थी। इस टुकड़ी से भी कहीं टेलीफोन बन सकता है...

---

* यह पहेली अंग्रेज उपन्यासकार बेरी पेन द्वारा रचित है।

डोरी शुरू में कितनी लंबी थी?

32. जुराबे और दस्ताने. एक डब्बे में 10 जोड़ियाँ भूरी जुराबें तथा 10 जोड़ियाँ काली जुराबें थीं। दूसरे डब्बे में दस जोड़े भूरे दस्ताने तथा 10 जोड़े काले दस्ताने थे। दोनों डब्बों में से कितनी जुराबें और दस्ताने निकालने काफी होंगे कि किसी एक रंग की एक जोड़ी जुराबें और एक जोड़ा दस्ताने चुने जा सकें?

33. बालों का जीवन-काल. आदमी के सिर पर औसतन कितने बाल होते हैं? गिना गया है: लगभग 150000।* यह भी निर्धारित किया गया है कि महीनें में गिरने वाले बालों की औसत संख्या 3000 है।

इन तथ्यों के आधार पर एक बाल का औसत जीवन-काल कैसे निश्चित किया जा सकता है।

34. तनख्वाह. पिछले महीने ओवर-टाइम मिला कर मुझे 130 रूबल मिले। इसमें मुख्य वेतन ओवर-टाइम की भुगतान से 100 रूबल अधिक है। बिना ओवर-टाइम के मेरा वेतन कितना है?

35. स्कीइंग. स्की करने वाले ने हिसाब लगा कर देखा कि यदि वह 10 कि. मी. प्रति घंटे की दर से चले, तो निर्धारित स्थान पर दोपहर के एक घंटा बाद पहुँचेगा और यदि 15 कि. मी. प्रति घंटे चले, तो दोपहर से एक घंटा पहले पहुँचेगा। ठीक दोपहर को पहुँचने के लिये उसकी गति क्या होनी चाहिये?

36. दो मजदूर. दो मजदूर—एक जवान और एक बूढ़ा—एक ही फ्लैट में रहते हैं। जवान को घर से कारखाने तक पैदल आने में 20 मिनट लगते हैं और बूढ़े को 30 मिनट। यदि बूढ़ा 5 मिनट पहले घर से निकल जाये, तो जवान उसे कितने मिनट बाद पकड़ लेगा?

---

* बहुत से लोगों को आश्चर्य होता है कि यह कैसे निर्धारित किया गया है : क्या एक-एक बाल गिनते हैं? नहीं, ऐसा नहीं करते। सिर की सतह के एक वर्ग से. मी. में कितने बाल हैं—यह गिना जाता है। प्राप्त संख्या को सिर के पूरे सतह के क्षेत्रफल से गुणा कर दिया जाता है। यूं कहें कि शरीर-रचना के वैज्ञानिक बालों की संख्या उसी तरह निर्धारित करते हैं, जैसे वनपाल वन में पेड़ों की संख्या निर्धारित करते हैं।

37. रिपोर्ट टाइप करना. दो टाइपिस्टों को एक रिपोर्ट टाइप करने के लिये दिया गया है। अधिक अनुभवी टाइपिस्ट उसे दो घंटों में टाइप कर सकती है और कम अनुभवी 3 घंटों में।

दोनों मिलकर उसे कितने समय में छापेंगे, यदि वे रिपोर्ट को आपस में इस प्रकार बाँट लें कि कम से कम समय में टाइप हो जाये।

यह प्रश्न हौज में पानी भरने से संबंधित प्रश्नों की तरह हल किया जाता है : पहले निकालते हैं कि एक घंटे में काम का कौन सा अंश हर टाइपिस्ट पूरा करती है। इन दोनों अंशों को जोड़ते हैं और योगफल से 1 में भाग दे देते हैं। क्या आप इसके अतिरिक्त कोई अन्य विधि सोच सकते हैं?

38. दाँतदार चक्के. 24 दाँतों वाले एक चक्के के साथ 8 दाँतों वाला एक चक्का फँसा कर इस प्रकार रखा गया है कि बड़े दंति-चक्र के घूमने पर छोटा भी घूमने लगता है। (चित्र 28)

प्रश्न है : बड़े दंति-चक्र के चारों ओर एक बार घूमने के दरमियान छोटा कितनी बार अपनी धूरी पर घूम जायेगा?

चित्र 28. दंतचक्की कितने चक्कर लगायेगी?

39. कितनी उम्र? पहेलियों के एक शौकीन से उसकी उम्र के बारे में पूछा गया, तो उसने बताया :

तीन साल बाद मेरी उम्र के तिगुने में से तीन साल पहले मेरी उम्र का तिगुना घटा लीजिये, आपको मेरी उम्र ज्ञात हो जायेगी। क्या उम्र है उसकी?

40. इवानोव परिवार. इवानोव की क्या उम्र है?

—आइये सोचते हैं। 18 साल पहले उम्र में वह अपने पुत्र से तिगुना बड़ा है। मुझे अच्छी तरह याद है, क्योंकि उस साल जनगणना हो रही थी।

—पर मुझे जहाँ तक ज्ञात है, अभी उसकी उम्र उसके बेटे की उम्र से दुगुनी है। यह क्या दूसरा पुत्र है?

—नहीं, उसे सिर्फ एक ही लड़का है और इसीलिये उसकी उम्र निर्धारित करना कठिन नहीं होगा।

कितनी उम्र है उसकी, पाठक?

41. घोल तैयार करना. एक अंशांकित ग्लास में थोड़ा नमकाम्ल है तथा दूसरे में उतना ही पानी है। घोल तैयार करने के लिये पहले ग्लास से दूसरे में 20 ग्राम अम्ल डालते हैं, फिर दूसरे ग्लास में बने घोल का दो तिहाई भाग पहले ग्लास में डाल देते हैं। इसके फलस्वरूप पहले ग्लास में दूसरे ग्लास से चौगुना अधिक द्रव बच जाता है। कितना पानी और कितना अम्ल शुरू में लिया गया था?

42. खरीददारी. जब मैं समान खरीदने के लिये घर से निकला, तो बटुए में रूबलों और 20 कोपेक के सिक्कों के रूप में लगभग 15 रूबल थे। लौट कर मैंने पाया कि बटुए में एक-एक रूबलों की संख्या उतनी है, जितने पहले 20 कोपेक के सिक्के थे और 20 कोपेक के सिक्के उतने हैं, जितने पहले रूबलों के नोट थे। जितने पैसे लेकर मैं चला था, उसका एक तिहाई बचा था।

कितने का सामान खरीदा मैंने?

31—42 पहेलियों के हल

31. आधी डोरी माँ को देने पर $\frac{1}{2}$ बचती है; भाई को देने के बाद

$-\frac{1}{4}$; पिता को देने के बाद $-\frac{1}{8}$, बहन को देने के बाद $-\frac{1}{8} \times \frac{3}{5} = \frac{3}{40}$। यदि 30 से. मी. परी लंबाई का $\frac{3}{40}$ है, तो पूरी लंबाई होगी : $30 : \frac{3}{40}$ = 400 से. मी. या 4 मी.।

32. तीन जुराबें निकालना काफी होगा, क्योंकि उनमें से दो हमेशा एक रंग के होंगे। दस्तानों की संख्या बताना कठिन है, क्योंकि वे सिर्फ रंगों में ही भिन्न नहीं हैं। आधे दस्ताने बाँये हाथ के लिये हैं और आधे दाये हाथ के लिये। यहाँ 21 दस्ताने निकालने पड़ेंगे। इससे कम, जैसे 20, निकालने पर हो सकता है कि सभी एक ही हाथ के लिये हैं (जैसे सिर्फ बायें हाथ के लिये 10 भूरे दस्ताने तथा 10 काले दस्ताने)।

33. सबसे अंत में वही बाल गिरेगा, जो सबसे युवा होगा, अर्थात जिसकी उम्र 1 दिन की है।

अब देखते हैं कि कब उसके गिरने की बारी आयेगी। पहले महीने में 150000 बालों में से 3 हजार बाल गिर जायेंगे, दो महीनों में 6 हजार, एक साल के दरमियान–12 गुणा 3 हजार, अर्थात 36 हजार। चार साल से कुछ अधिक समय बीत जायेंगे जब आखिरी बालों की बारी आयेगी। इस प्रकार आदमी के सर के बालों की औसत उम्र निर्धारित की गयीं है–4 वर्षों से कुछ अधिक।

34. बहुत से लोग बिना अच्छी तरह सोचे उत्तर देते हैं : 100 रूबल। यह गलत है, क्योंकि इस हालत में वेतन ओवर-टाइम की भुगतान से सिर्फ 70 रूबल अधिक होगा।

प्रश्न इस प्रकार हल किया जाता है। हम जानते हैं कि ओवर-टाइम की भुगतान में 100 मिला देने पर मुख्य वेतन की रकम प्राप्त होती है। अतः 130 रूबल (मुख्य वेतन + ओवर-टाइम) में 100 रूबल मिला देने पर दो मुख्य वेतनों की राशि ज्ञात होती है। पर 130 + 100 = 230। अतः बिना ओवर-टाइम के एक मुख्य वेतन की राशि 115 रूबल हुई। ओवर-टाइम का भुगवान 130 में से 115 घटाने पर 15 रूबल होता है।

उत्तर जाँचते हैं : मुख्य वेतन 115 रूबल ओवर-टाइम के भुगतान 15 रूबल से 100 रूबल अधिक है–प्रश्न की शर्त पूरी हो गयी।

35. प्रश्न को दृष्टिकोणों से रोचक है। पहला, प्रश्न यह विचार उत्पन्न करता है कि इष्ट गति 10 कि. मी. तथा 15 कि. मी. प्रति घंटे की गतिर का औसत, अर्थात $12\frac{1}{2}$ कि. मी. प्रति घंटे की है। देखना आसान है वि यह विचार गलत है। माना कि रास्ते की लंबाई a किलोमीटर है। इस दूर को वह 15 कि. मी./घ. की गति से $\frac{a}{15}$ घंटे में तय करेगा, 15 कि. मी./घ. की रफ्तार से $\frac{a}{10}$ घंटे में तथा $12\frac{1}{2}$ कि. मी. की गति से $\frac{a}{12\frac{1}{2}}$ या $\frac{2a}{25}$ घंटे में। यदि हमारी मान्यतायें सही हैं, तो निम्न समीकरण सही होना चाहिये :

$$\frac{2a}{25}-\frac{a}{15}=\frac{a}{10}-\frac{2a}{25},$$

क्योंकि इनमें से प्रत्येक अंतर 1 घंटे का है। दोनों तरफ a काट देने पर :

$$\frac{2}{25}-\frac{1}{15}=\frac{1}{10}-\frac{2}{25}$$

या $$\frac{4}{25}=\frac{1}{15}+\frac{1}{10};$$

अर्थात गलत समीकरण प्राप्त होता है, क्योंकि $\frac{1}{15}+\frac{1}{10}=\frac{1}{6}$ अर्थात $\frac{2}{24}$; जबकि इसे $\frac{4}{25}$ होना चाहिये था।

प्रश्न की दूसरी विशेषता यह है कि उसे बिना समीकरण की मदद लिये मुजबानी भी हल कर सकते हैं।

हम निम्न प्रकार से सोचें : स्की करने वाला यदि 15 कि. मी./घ की चाल से 2 घंटे अधिक चलता (अर्थात उतने समय तक, जितना 10 कि मी./घ. की चाल से चलता), तो वह वास्तविक दूरी से 30 कि. मी. अधिक की दूरी तय करता। चूंकि वह 1 घंटे में 5 कि. मी. अधिक चलता है, 30 कि. मी. अधिक चलने में उसे कुल 30 : 5 = 6 घंटे लगते हैं। अतः 15 कि. मी./घं. की चाल से इष्ट स्थान पर पहुंचने में उसे 6 − 2 = 4 घंटे लगते हैं

इस से इष्ट स्थान की दूरी भी ज्ञात हो जाती है : $15 \times 4 = 60$ कि. मी.।

अब यह ज्ञात करना आसान है कि स्की करने वाले को किस गति से चलना चाहिये कि वह ठीक दोपहर को इष्ट स्थान पर पहुँचे, अर्थात उसे 5 घंटे चलना पड़े :

$60 : 5 = 12$ कि. मी./घ.

जाँच कर आसानी से देखा जा सकता है कि उत्तर सही है।

36. प्रश्न बिना समीकरण की मदद से विभिन्न तरीकों द्वारा हल हो सकता है।

पहली विधि इस प्रकार है : जवान मजदूर 5 मिनट में रास्ते की $\frac{1}{4}$ दूरी तय करता है, बूढ़ा मजदूर $\frac{1}{6}$ दूरी तय करता है, अर्थात जवान मजदूर से $\frac{1}{4} - \frac{1}{6} = \frac{1}{12}$ दूरी कम चलता है।

यदि बूढ़ा मजदूर $\frac{1}{6}$ दूरी तय कर चुका है, तो जवान उसे

$$\frac{1}{6} : \frac{1}{12} = 2$$

पाँच-मिनटी अंतराल, अर्थात 10 मिनट में पकड़ लेगा।

दूसरी विधि और भी सरल है। पूरा रास्ता तय करने में बूढ़ा जवान से 10 मिनट अधिक व्यय करता है। यदि बूढ़ा 10 मिनट पहले निकलता तो दोनों एक साथ कारखाने पर पहुँचते। पर बूढ़ा 5 मिनट पहले निकलता है, अतः जवान उसे आधे रास्ते में, अर्थात 10 मिनट में पकड़ लेगा (जवान को पूरा रास्ता तय करने में 20 मिनट लगते हैं)।

37. समस्या का अनौपचारिक हल इस प्रकार है। पहले हम यह प्रश्न रखते हैं : दोनों टाइपिस्ट काम को आपस में किस प्रकार बाँटें कि दोनों का काम एक ही समय में खत्म हो? (स्पष्ट है कि न्यूनतम समय में काम तभी पूरा किया जा सकता है, जब दोनों में से कोई भी खाली न बैठे।) अनुभवी टाइपिस्ट दूसरी से $1\frac{1}{2}$ गुना जल्द काम करती है, अतः एक साथ काम खत्म करने के लिये अनुभवी टाइपिस्ट को $1\frac{1}{2}$ गुना अधिक काम लेना चाहिये।

इससे निष्कर्ष निकलता है कि पहली को काम का $\frac{3}{5}$ भाग लेना चाहिये और दूसरी को $\frac{2}{5}$ ।

प्रश्न लगभग हल हो चुका है। सिर्फ यह ज्ञात कर लें कि पहली को काम का अपना $\frac{3}{5}$ हिस्सा पूरा करने में कितना समय लगाना पड़ेगा। पूरा काम वह दो घंटों में करती है, अतः $\frac{3}{5}$ काम $2 \times \frac{3}{5} = 1\frac{1}{5}$ घंटे में खत्म कर लेगी। दूसरी टाइपिस्ट भी इतने ही समय में अपने हिस्से का काम खत्म करती है।

इस प्रकार, दोनों टाइपिस्टों द्वारा काम खत्म करने का न्यूनतम समय 1 घंटा 12 मिनट है।

हल की दूसरी विधि भी दी जा सकती है। पहली टाइपिस्ट 6 घंटे में 3 रिपोर्ट छाप सकती है (अर्थात रिपोर्ट के पृष्ठों से तिगुना अधिक पृष्ठ छाप सकती है) और दूसरी इसी अवधि में 2 रिपोर्ट छाप सकती है। दोनों मिलकर 6 घंटों में 5 रिपोर्ट छाप सकती हैं। अतः 1 रिपोर्ट के लिये उन्हें मिलकर 6 घंटों से पाँच गुना कम समय काम करना होगा, अर्थात उन्हें आवश्यकता है 6 घंटे : 5 = 1 घंटा 12 मिनट की।

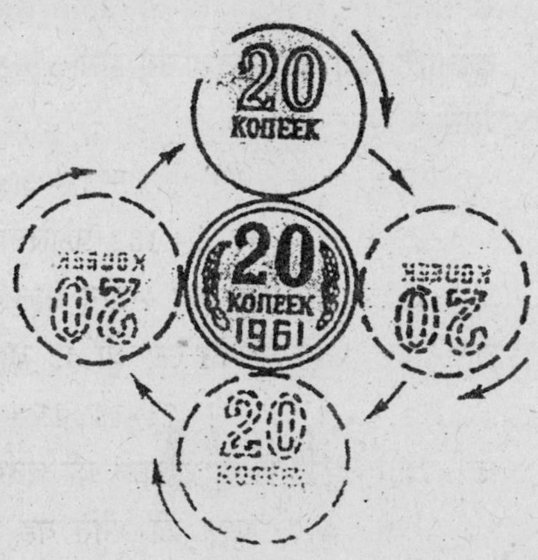

चित्र 29. स्थिर सिक्के का चक्कर लगाते हुए दूसरा सिक्का एक बार नहीं, दो बार चक्कर खा चुकेगा।

38. यदि आप सोचते हैं कि छोटा दंति-चक्र तीन बार घूमेगा, तो आप गलत हैं : वह तीन नहीं चार चक्करें लगायेगा।

यह देखने के लिये कि क्या बात है, एक चिकने कागज पर चित्र 29 की भाँति दो समान (जैसे 20 कोपेक के) सिक्के रख लें। निचले सिक्के को उंगली से दबा कर दूसरे सिक्के को उसके किनारों पर लुढ़काते हुए घुमायें। आपको एक नयी बात का पता चलेगा : जब ऊपर का सिक्का नीचे के सिक्के

के निचले किनारे को स्पर्श करेगा, वह एक पूरा चक्कर लगा चुका होगा। यह सिक्के पर संख्या 20 की स्थितियों से देखा जा सकता है। निचले सिक्के के चारों तरफ घूम लेने पर ऊपरी सिक्का दो पूरे चक्कर लगा लेगा।

जब भी कोई काय (पिण्ड) अपनी धूरी पर घूमता हुआ वृत्त पर चलता है तो वह प्रत्यक्ष विधियों से प्राप्त घूर्णन-संख्या से अपनी धूरी पर 1 बार अधिक घूमता है। इसी कारण पृथ्वी सूर्य के चारों ओर एक बार घूमते वक्त अपनी धूरी पर 365¼ बार नहीं, बल्कि 366 बार घूम जाती है (यदि घूर्णन संख्या सूर्य के सापेक्ष नहीं, तारों के सापेक्ष गिनी जाये) अब आप समझते है कि तारक-दिवस क्यों सूर्य-दिवसों से छोटे होते हैं।

39. अंक गणितीय हल काफी पेचीदा है। पर यदि बीजगणित की मदद से समीकरण बनाया जाये तो अत्यंत सरल है। माना कि उम्र x वर्ष है, जिसे ढूढ़ना है। तीन साल बाद उम्र होगी $x + 3$ और तीन साल पहले $(x - 3)$ वर्ष। समीरण होगा :

$$3(x + 3) - 3(x - 3) = x$$

हल करने पर $x = 18$। पहेलियों के शौकीन की उम्र है 18 वर्ष।

उत्तर की जाँच करें : तीन साल बाद उसकी उम्र होगी 21 वर्ष तथा तीन साल पहले उसकी उम्र थी 15 वर्ष। उनके तिगुनों का अंतर

$$3 . 21 - 3 . 15 = 63 - 45 = 18$$

वर्ष हमारे पहेलियों के शौकिन की वर्तमान उम्र है।

40. पिछले प्रश्न की भाँति यह भी सरल समीकरण द्वारा हल होता है। यदि पुत्र की उम्र अभी x वर्ष है, तो पिता की उम्र 2x हुई। 18 वर्ष पहले दोनों की ही उम्र 18 वर्ष कम थी : पिता की उम्र थी $2x - 18$ और पुत्र की $x - 18$। ज्ञात है कि उस समय पिता की उम्र पुत्र की उम्र से तीन गुनी अधिक थी :

$$3 (x - 18) = 2x - 18$$

यह समीकरण हल करने पर $x = 36$: पुत्र की उम्र अभी 36 वर्ष है और पिता की 72 वर्ष।

41. माना कि पहले ग्लास में x ग्राम नमकाम्ल था और दूसरे में x

ग्राम पानी। पहली बार ढालने पर पहले ग्लास में $(x-20)$ ग्राम अम्ल बचता है और दूसरे में $(x+20)$ ग्राम अम्ल और पानी का घोल। दूसरी बार ढालने पर दूसरे ग्लास में $\frac{1}{3}$ $(x+20)$ ग्राम द्रव बचता है और पहले में

$$x-20+\frac{2}{3}(x+20)=\frac{5x-20}{3} \text{ ग्राम।}$$

ज्ञात है कि अब दूसरे ग्लास में पहले ग्लास की अपेक्षा चौगुना कम द्रव है, अतः

$$\frac{4}{3}(x+20)=\frac{5x-20}{3},$$

जिससे $x=100$। प्रत्येक ग्लास में 100 ग्राम द्रव था।

42. रूबल के नोटों को x तथा 20 कोपेक के सिक्कों को y से द्योतित करें (x और y क्रमशः नोटों तथा सिक्कों की प्रारंभिक संख्यायें हैं)। दूकान जाते वक्त बटुए में

$$100x+20y \text{ कोपेक थे।}$$

लौटने पर

$$(100y+20x) \text{ कोपेक बचे।}$$

दूसरी राशि पहली से तिगुनी कम है, अतः

$$3(100y+20x)=100x+20y$$

व्यंजन को सरल करने पर :

$$x=7y$$

यदि $y=1$, तो $x=7$। इस मान्यता के अनुसार आरंभ में मेरे पास 7 रूबल 20 कोपेक थे, जो प्रश्न की शर्त ("लगभग 15 रूबल") से काफी भिन्न है।

अब देखें $y=2$; तब $x=14$। अतः प्रारंभिक राशि 14 रूबल 40 कोपेक होती है और यह स्थिति शर्त को पूरी करती है।

$y=3$ मानें, तो रकम (21 रूबल 60 कोपेक) काफी बड़ी हो जाती है।

अतः एकमात्र उपयुक्त उत्तर है—14 रूबल 20 कोपेक। खरीद के बाद

दो नोट तथा 14 सिक्के, अर्थात 200 + 280 = 480 कोपेक बचते हैं, यह सचमुच में प्रारंभिक राशि का तिहाई है 1440 : 3 = 480।

खर्च की गयी राशि : 1440 – 480 = 960 कोपेक। मतलब कि 9 रूबल 60 कोपेक का सामान खरीदा गया।

अंकों की पहेलियाँ

45. पाँच रूबल में सौ रूबल. मंच से अंकों के एक जादूगर ने दर्शकों के समक्ष एक लुभावना प्रस्ताव रखा :

—गवाहों के समक्ष घोषणा करता हूँ, जो मुझे 50. 20 और 5 कोपेक के कुल 20 सिक्कों में पाँच रूबल देगा, उसे मैं सौ रूबल दूंगा। पाँच रूबल में सौ! किसे चाहिये?

चुप्पी छा गयी।

दर्शक सोच में डूब गये। डायरियों के पृष्ठों पर पेंसिलें फिसलने लगीं, पर कोई भी उठा नहीं।

—मैं देखता हूँ कि दर्शकों को पाँच रूबल में सौ का सौदा महंगा लग रहा है। मैं दो रूबल की छूट देने को तैयार हूँ और नया दाम रखता हूँ : बताये गये मूल्यों के 20 सिक्कों में 3 रूबल। 3 रूबल में 100! चाहने वाले लाइन में लग जायें।

लेकिन लाइन नहीं लग रही थी। दर्शक इस विरल अवसर का लाभ उठाने से चूक रहे थे।

—क्या तीन रूबल भी महंगा है? खैर, एक रूबल और कम कर देता हूँ; बताये गये 20 सिक्कों में दो रूबल लाइये और मैं उसी क्षण सौ रूबल दूंगा।

चूंकि कोई भी इस विनिमय के लिये सामने नहीं आ रहा था, जादूगर

ने कहना जारी रखा :

—हो सकता है कि आपके पास अभी छोटे सिक्के नहीं हैं। आप शर्मायें नहीं, मैं कर्ज दे सकता हूँ। आप सिर्फ कागज पर लिख दें कि किस मूल्य के कितने सिक्के मुझे देंगे।

46. हजार. क्या आप संख्या 1000 को सात समान अंकों में व्यक्त कर सकते हैं?

आपको इन अंकों के सिवा विभिन्न गणितीय क्रियाओं के चिह्नों को भी प्रयुक्त करने की छूट है।

47. चौबीस. संख्या 24 को तीन अट्ठों की मदद से व्यक्त करना बहुत आसान है : 8 + 8 + 8। क्या आप इस संख्या को किसी अन्य तीन समान अंकों से व्यक्त कर सकते हैं? इस प्रश्न के कई हल हैं।

48. तीस. संख्या तीस को तीन पंजों द्वारा आसानी से व्यक्त किया जा सकता है : 5 × 5 + 5। किसी अन्य समान तीन अंकों द्वारा यह करना कहीं जटिल है।

कोशिश करें, शायद आपको कुछ हल मिल जायें।

49. लुप्त अंक. गुणन के इस उदाहरण में आधे से अधिक अंकों की जगह पर तारक-चिह्न हैं।

```
     *1*
 ×
     3*2
 ---------
     *3*
    3*2*
 +
   *2*5
 ---------
   1*8*30
```

क्या आप लुप्त अंकों को बता सकते हैं?

50. कौनसी संख्यायें. ऐसा ही एक और प्रश्न है।

दिये हुए उदाहरण में कौन सी संख्यायें आपस में गुणित हैं :

```
   **5
×
   1**
------
  2**5
 13*0
+***
------
 4*77*
```

51. क्या भाज्य है? भाग के निम्न उदाहरण में लुप्त अंकों को बतायें :

```
 *2*5* | 325
−      |-----
  ***  | 1**
------
  *0**
−
  *9**
------
    *5*
   −
    *5*
------
```

52. 11 से भाग. नौ अंकों की कोई ऐसी संख्या लिखें, जिसके सभी अंक भिन्न हों और जिसमें 11 से भाग देने पर शेष न बचे।

ऐसी अधिकतम तथा न्यूनतम संख्याओं को भी लिखें।

53. अजीब गुणन. दो संख्याओं के निम्न गुणन को देखें :

$$48 \times 159 = 7632$$

गुणन की विशेषता यह है कि इसमें एक ही साथ सभी सार्थक अंक सम्मिलित हैं।

क्या आप कुछ और ऐसे ही उदाहरण ढूंढ सकते हैं? यदि और भी ऐसे उदाहरण संभव हैं, तो वे कितने हैं?

54. संख्याओं का त्रिकोण. चित्र 36 में दिये त्रिकोण के गोलों में सभी नौ सार्थक अंकों को इस प्रकार लिखें कि हर भुजा में उनका योग 20 हो।

55. संख्याओं का एक और त्रिकोण. उसी त्रिभुज (चित्र 36) के गोलों में सभी सार्थक अंकों को इस प्रकार भरना है कि प्रत्येक भुजा पर उनका

योग 17 हो।

56. जादूई सितारा. चित्र 37 में दिये छः शीर्षों वाले सितारे में "जादूई" गुण है : सभी छः कतारों में संख्याओं का योग समान है :

$$4 + 6 + 7 + 9 = 26 \qquad 11 + 6 + 8 + 1 = 26$$

$$4 + 8 + 12 + 2 = 26 \qquad 11 + 7 + 5 + 3 = 26$$

$$9 + 5 + 10 + 2 = 26 \qquad 1 + 12 + 10 + 3 = 26$$

लेकिन शीर्षों पर स्थित संख्याओं का योग दूसरा है :

$$4 + 11 + 9 + 3 + 2 + 1 = 30$$

क्या आप गोलों में लिखी संख्याओं के स्थान में हेर-फेर कर इस संख्या-तारक को इस प्रकार नहीं सुधार सकते कि सिर्फ सीधी कतारों में ही संख्याओं का योग समान (26) न हो, बल्कि शीर्षों पर स्थित संख्याओं का योग भी उतना ही (26) हो?

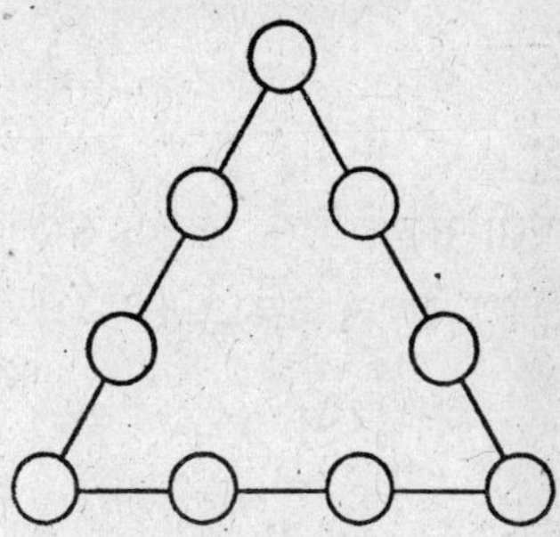

चित्र 36. वृत्तों में अंकों को रखें।

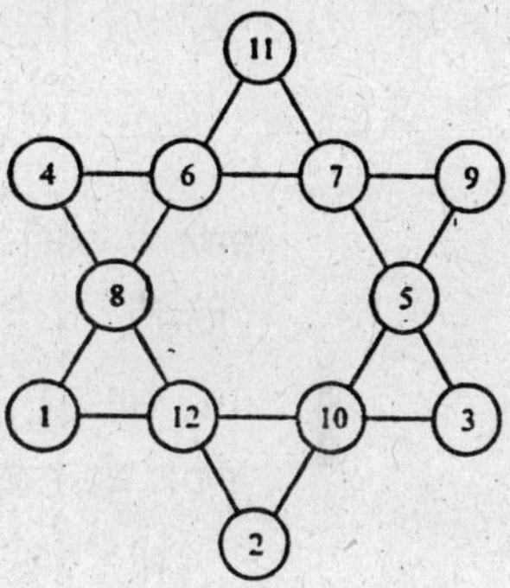

चित्र 37. अंकों से बना षटकोण सितारा।

45—56 पहेलियों के हल

45. तीनों ही प्रश्न हलातीत हैं; उनका हल असंभव है। जादूगर बिना किसी डर के कोई भी इनाम घोषित कर सकता है। यह सिद्ध करने के लिये हम बीजगणित के प्रकाश में ये प्रश्न एक-एक कर देखते हैं।

5 रूबल का भुगतान : माना कि यह अदायगी संभव है और इसके लिये 50 कोपेक के x सिक्के, 20 कोपेक के y सिक्के और 5 कोपेक के

z सिक्के चाहिये। समीकरण होगा :

$$50x + 20y + 5z = 500$$

5 से काट कर मिलता है :

$$10x + 4y + z = 100$$

इसके अतिरिक्त, शर्त के मुताबिक सिक्कों की कुल संख्या 20 होनी चाहिये; अतः x, y तथा z एक और समीकरण से संबंधित हैं :

$$x + y + z = 20$$

इस समीकरण को प्रथम समीकरण से घटाकर प्राप्त करते हैं :

$$9x + 3y = 80$$

अब 3 से भाग देकर समीकरण को निम्न रूप देते हैं :

$$3x + y = 26\frac{2}{3}.$$

पर 50 के सिक्कों की आवश्यक संख्या की तिगुनी होने के कारण 3x एक पूर्ण संख्या है। 20 कोपेक के सिक्कों की संख्या y भी एक पूर्ण संख्या है। दो पूर्ण संख्याओं का योग भिन्न ($26\frac{2}{3}$) में नहीं आ सकता। हमारी मान्यता कि प्रश्न का हल संभव है, गलत निष्कर्ष दे रही है। अतः प्रश्न हलातीत है।

पाठक के समक्ष आयी दूसरे दो "सस्तेकरण" की समस्याओं को भी हलातीत सिद्ध कर सकते हैं, जिनमें 3 तथा 2 रूबल देने थे। इनमें से पहले प्रश्न से निम्न समीकरण बनता है :

$$3x + y = 13\frac{1}{3},$$

और दूसरे से

$$3x + y = 6\frac{2}{3}.$$

दोनों ही समीकरण पूर्णांकों में हलातीत है।

जैसा कि देखते हैं, जादूगर हल के लिये बड़े इनामों की घोषणा करके कोई खतरा नहीं मोल ले रहा था। उसे इनाम कभी देना नहीं पड़ता।

दूसरी बात होती, यदि वह उक्त मूल्यों के 20 सिक्कों में 2, 3 या 5 रूबल नहीं, बल्कि, उदाहरण के लिये, 4 रूबल देने को कहता। तब प्रश्न के

कई समाधान संभव थे।*

46. $888 + 88 + 8 + 8 + 8 = 1000$

दूसरे हल भी हैं।

47. दो हल इस प्रकार हैं :

$$22 + 2 = 24; \quad 3^3 - 3 = 24$$

48. तीन हल दिये जा रहे हैं :

$$6 \times 6 - 6 = 30; \quad 3^3 + 3 = 30; \quad 33 - 3 = 30$$

49. लुप्त अंक एक-एक कर ढूढ़ते हैं। निम्न विचार-क्रम का अनुसरण करें।

सुविधा के लिये पंक्तियों का क्रमांकण करते हैं :

```
      *1*   ........................ I
    × 3*2   ........................ II
    -----
      *3*   ........................ III
     3*2*   ........................ IV
  + *2*5    ........................ V
  -------
   1*8*30   ........................ VI
```

समझना आसान है कि III पंक्ति में अंतिम तारा 0 है, क्योंकि VI पंक्ति के अंत में 0 है।

अब I पंक्ति के अंतिम तारे का मान ढूढ़ें : यह एक ऐसा अंक है, जिसमें 2 से गुणा करने पर 0 से अंत होने वाली संख्या मिलती है, तथा 3 से गुणा करने पर 5 से अंत होने वाली संख्या मिलती है (पंक्ति V)। ऐसा अंक सिर्फ 5 हो सकता है।

आगे, स्पष्ट है कि IV पंक्ति के अंत में 0 है। (III तथा VI पंक्तियों में दायें से द्वितीय अंकों की तुलना करें!)

---

* एक संभव हल इस प्रकार है : 50 कोपेक के 6 सिक्के, 20 कोपेक के 2 सिक्के और 5 कोपेक के 12 सिक्के।

II पंक्ति में तारे के पीछे कौन सा अंक छिपा है, यह भाँपना भी कठिन नहीं है : यह 8 है, क्योंकि सिर्फ 8 को 15 से गुणा करने पर 20 से अंत होने वाली संख्या मिलती है (IV पंक्ति)।

और अंत में स्पष्ट होता है कि I पंक्ति में प्रथम तारे की जगह कौन सा अंक है : यह 4 है, क्योंकि सिर्फ 4 में 8 से गुणा करने पर 3 से शुरू होने वाली संख्या मिलती है (पंक्ति IV)।

बाकी लुप्त अंकों का पता लगाना अब कठिन नहीं है : प्रथम दो पंक्तियों की संख्याओं को, जो अब निश्चित हो चुकी हैं, आपस में गुणा कर देने पर अन्य सभी लुप्त अंक ज्ञात हो जाते हैं।

अंत में हमें गुणन का निम्न उदाहरण प्राप्त होता है :

```
    415
  × 382
 ------
    830
   3320
 + 1245
 ------
 158530
```

50. पिछले प्रश्न की भाँति ही इस प्रश्न के लुप्त अंकों का पता लगाते हैं। उत्तर यह है :

```
    325
  + 147
 ------
   2275
   1300
  + 320
 ------
  47775
```

51. भाग का उदाहरण इस प्रकार है

```
  52650|325
 - 325 |162
  2015
 - 1950
    650
  - 650
```

52. इस प्रश्न को हल करने के लिये 11 के भाज्यता-सूचक को जानना चाहिये। किसी संख्या के सम स्थानों के अंकों के योग और विषम स्थानों के अंकों के योग का अंतर यदि शून्य हो या 11 से भाज्य हो, तो संख्या 11 से भाज्य होती है। उदाहरण के लिये संख्या 23658904 का परीक्षण करे।

सम स्थानों पर स्थित अंकों का योग :

$$3 + 5 + 9 + 4 = 21$$

विषम स्थानों पर स्थित अंकों का योग :

$$2 + 6 + 8 + 0 = 16$$

उनका अंतर (बड़ी में से छोटी संख्या घटाते हैं)

$$21 - 16 = 5$$

यह अंतर (5) 11 से विभाजित नहीं होता, अतः दी गयी संख्या बिना शेष के 11 से विभाजित नहीं होती।

दूसरी संख्या का परीक्षण करें : 7 344 535;

$3 + 4 + 3 = 10 \quad 7 + 4 + 5 + 5 = 21 \quad 21 - 10 = 11$

चूंकि 11 से 11 विभाज्य है, तो दी गयी संख्या भी 11 से विभाज्य है।

अब आसानी से समझा जा सकता है कि नौ अंकों को किस प्रकार लिखना चाहिये कि प्रश्न की शर्तों को पूरा करते हुए 11 की अपवर्त्य (गुणज) संख्या प्राप्त हो जाये।

उदाहरण के लिये : 352 049 786

परीक्षण करें : 3 + 2 + 4 + 7 + 6 = 22, 5 + 0 + 9 + 8 = 22

अंतर 22 – 22 = 0; अर्थात उपरोक्त संख्या 11 का अपवर्त्य है।

ऐसी अधिकतम संख्या 987 652 413 है। न्यूनतम संख्या होगी : 102 347 586।

53. धैर्यवान पाठक इस प्रकार के गुणन के नौ उदाहरण ढूढ़ सकता है। ये रहे वे :

12 × 483 = 5796,	48 × 159 = 7632,
42 × 138 = 5796,	28 × 157 = 4396,
18 × 297 = 5346,	4 × 1738 = 6952,
27 × 198 = 5346,	4 × 1963 = 7852,
39 × 186 = 7254.	

54-55. हल चित्रों 38 व 39 में दिखाये गये हैं। कतारों की भीतरी संख्याओं के आपसी स्थान बदल कर और भी नये हल दिये जा सकते हैं।

56. संख्याओं की आवश्यक स्थिति को ढूढ़ने का काम सरल वनाने के लिये हम निम्न वातों की सहायता लेंगे।

तारे के शीर्षों पर स्थित संख्याओं का योग 26 होना चाहिये और सभी संख्याओं का कुल योग 78 है। अतः भीतरी षटकोण पर की संख्याओं का योग 78 – 26 = 52 होना चाहिये।

अब बड़े त्रिकोणों में से एक को देखें। उसकी हर भुजा की संख्याओं का योग 26 है। तीनों भुजाओं की सभी संख्याओं का कुल योग 26 × 3 = 78

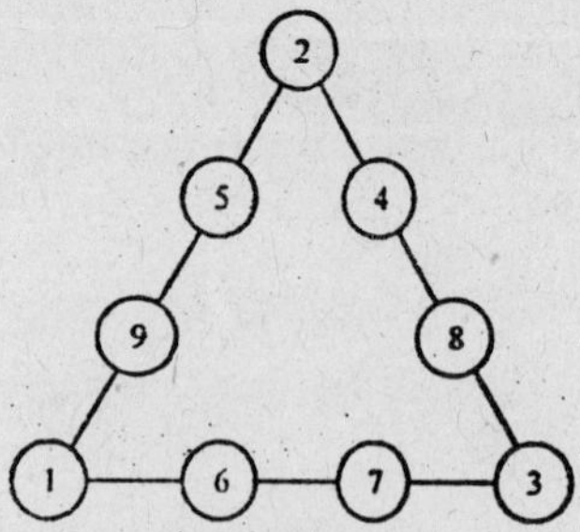

चित्र 38

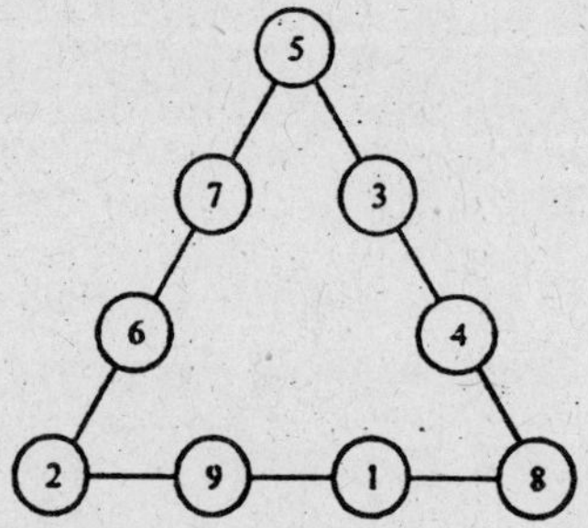

चित्र 39

है, जिसमें शीर्षों पर स्थित संख्यायें दो बार सम्मिलित हैं। और चूंकि तीनों भीतरी युग्मों की संख्याओं का योग (अर्थात भीतरी षटकोण की संख्याओं का योग) 52 के बराबर होगा, तो हर त्रिकोण के शीर्षों की संख्याओं के योग को दुगना करने पर 78 – 52 = 26 मिलना चाहिये, अतः स्वयं यह योग 13 होगा।

अब खोज का क्षेत्र काफी संकुचित हो जाता है। हमें ज्ञात है कि तारे के शीर्षों पर 12 और 11 संख्याएँ नहीं रखी जा सकती (क्यों?)। अतः परीक्षण सिर्फ 10 से शुरू करना चाहिये। इस हालत में हमें तुरंत ज्ञात हो जाता है कि त्रिकोण के अन्य दो शीर्षों पर कौन सी संख्यायें होंगी : 1 और 2।

इसी प्रकार धीरे-धीरे आगे बढ़ते हुए स्थिति ढूढ़ ली जा सकती है। चित्र 40 में हम यह स्थिति दिखा रहे है।

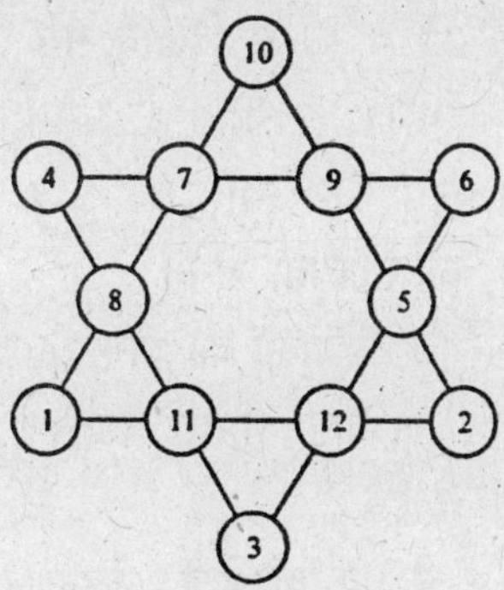

चित्र 40

ज्यामिति की पहेलियाँ

इस अध्याय में एकत्रित पहेलियों के हल के लिये ज्यामिति की पूर्ण जानकारी आवश्यक नहीं है। इनका हल वे भी कर सकते हैं, जिन्हें सिर्फ आरम्भिक ज्यामिति का साधारण भर ज्ञान है। यहाँ दी गयीं दो दर्जन पहेलियाँ पाठक को यह दिखाने में सहायक होंगी कि वह रेखागणित के उस ज्ञान को कहाँ तक आत्मसात कर पाया है, जिसे जानने का वह दावा करता है। ज्यामिति के वास्तविक ज्ञान का अर्थ सिर्फ ज्यामितिक आकृतियों के गुण-धर्म को गिनाना नहीं होता, बल्कि वास्तविक व व्यावहारिक समस्याओं को हल करना भी होता है। हाथ में बंदूक रखने से क्या फायदा है, यदि आप उसे चलाना नहीं जानते।

चित्र 65. पिछली धूरी की अपेक्षा अगली धूरी जल्द क्यों घिसती है।

पाठक खुद निर्धारित करे कि वह ज्यामिति रूपी लक्ष्य पर इन 24 गोलियों में से कितने सही निशाने लगा पाता है।

72. घोड़ा-गाड़ी. पिछले अक्ष की अपेक्षा आगे का अक्ष क्यों जल्द घिसता है और अक्सर जल उठता है?

73. विशालक वीक्ष में. चौगुना वर्धन देने वाले वीक्ष से $1\frac{1}{2}°$ का कोण देखा जाता है। कोण (चित्र 66) कितना बड़ा दिखेगा?

74. स्पिर्ट-लेवेल. मिस्त्रियों के हाथ आपने गैस के बुलबुले वाला स्पिर्ट-लेवेल देखा होगा। जब स्पिर्ट-लेवेल अक्षैतिज तल पर रखा जाता है, तब यह बुलबुला निशान से ऊपर खिसक आता है। बुलबुले की गति का कारण यह है कि वह द्रव से हल्का होता है, अतः सदा ऊपर उठने को प्रवृत्त रहता है। यदि लेवेल की नली सीधी होती, तो तल का नगण्य झुकाव भी बुलबुले को नली में दूर दूसरे सिरे पर भेज देता। ऐसे स्पिर्ट-लेवेल को व्यवहार में लाना काफी असुविधाजनक है। अतः नली को चित्र 67 की भाँति एक हल्का मोड़ दे दिया जाता है। पूर्ण क्षैतिज अवस्था में बुलबुला नली के उच्चतम बिंदु पर होता है, जो नली के मध्य होती है। यदि तल झुका हुआ है, तो बुलबुला मध्य के पास की किसी बिंदु पर चला आता है।

प्रश्न है : यदि तल का झुकाव आधी डिग्री हो, तो निर्धारित करें कि बुलबुला मध्य-बिंदु के निशान से कितना दूर खिसकेगा? नली की वक्रता की त्रिज्या 1 मीटर है।

75. फलकों की संख्या. यह प्रश्न बेशक बहुतों को बहुत टेढ़ा लगेगा या, इसके विपरीत, बहुतों को बेवकुफाना लगेगा : षट-फलकीय पेंसिल में कितने फलक होंगे?

उत्तर देखने से पहले ध्यानपूर्वक सोच लें।

76. अर्द्धचंद्र. चित्र 68 में दिखाये गये अर्द्ध-चंद्र को 6 भागों में बाटना है। इसके लिये आप सिर्फ दो सरल रेखायें खींच सकते हैं।

चित्र 66. कितना बड़ा कोण दिखेगा?

चित्र 67. स्पिर्ट लेवेल।

चित्र 68. चन्द्र-हसिया।

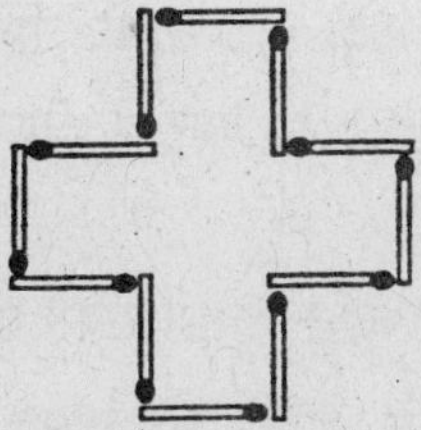

चित्र 69. तीलियों की सलीब।

कैसे करेंगे?

77. 12 तीलियों से. 12 तीलियों से एक क्रौस का चिह्न (चित्र 69) बन सकता है, जिसका कुल क्षेत्रफल 5 'वर्ग-तीली' के बराबर है।

तीलियों के स्थान बदल कर ऐसी आकृति बनायें, जिसका क्षेत्रफल सिर्फ

4 'वर्ग-तीली' हो।

इसके लिये नापने के यंत्रों का प्रयोग निषेध है।

78. 8 तीलियों से. 8 तीलियों से अनेक प्रकार की बंद आकृतियाँ बनायी जा सकती हैं। इनमें से कुछ चित्र 70 में दिखायी गयी हैं। उनके क्षेत्रफल बेशक भिन्न हैं। प्रश्न : 8 तीलियों द्वारा अधिकतम क्षेत्रफल की कोई आकृति बनायें।

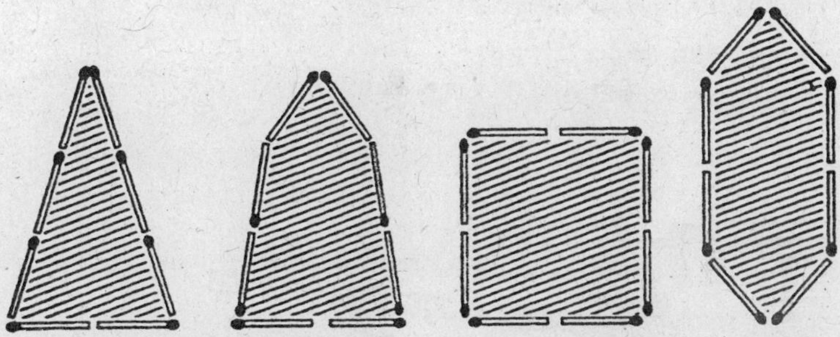

चित्र 70. तीलियों से अधिकतम क्षेत्रफल वाली आकृति कैसे प्राप्त कर सकते हैं?

79. मक्खी का पथ. शीशे के बेलनाकार बरतन की भीतरी दीवार पर उपरी किनारी से 3 से.मी. नीचे शहद की एक बूंद दिख रही है। बरतन की बाहरी दीवार पर शहर के ठीक सामने की बिंदु पर एक मक्खी बैठती है (चित्र 71)।

मक्खी के लिये सबसे छोटा पथ बतायें, जिसपर मक्खी शहद तक पहुँच सके।

बरतन की ऊँचाई 20 से.मी. तथा व्यास 10 से.मी. है।

यह मत उम्मीद कीजिये कि मक्खी न्यूनत पथ खुद ढूढ़ लेगी और आपकी

समस्या सरल कर देगी : इसके लिये उसे रेखागणित का ज्ञान होना चाहिये, जो मक्खी के सर के लिये काफी बड़ा है।

80. डाट की खोज. आपके सामने एक तख्त (चित्र 72) है, जिसमें तीन

छेद हैं : वर्गाकार, त्रिकोण और गोल। क्या ऐसी कोई डाट हो सकती है, जो इन तीनों ही प्रकार के छेदों को बंद कर सके।

81. दूसरी डाट. यदि आप पिछला प्रश्न हल कर चुके हैं, तो हो सकता है कि आपको चित्र 73 में दिखाये तख्त के छेदों को बंद करने के लिये भी एक डाट मिल जाये।

82. तीसरी डाट. अंत में एक और इसी प्रकार का प्रश्न : चित्र 74 में दिखाये तख्त के छेदों के लिये क्या कोई एक डाट है?

चित्र 71. मक्खी को शहद की बूंद तक पहुँचने के लिये सबसे छोटा रास्ता बतायें।

चित्र 72. इन तीन छेदों को बंद कर सकने वाली एक डाट बनायें।

चित्र 73. इन छेदों को बंद करने वाली कोई एक डाट हो सकती है?

चित्र 74. इन तीन छेदों को बंद करने वाली एक डाट बन सकती है?

83. 5 कोपेक पार करना. एक 5 कोपेक का और एक 2 कोपेक का सिक्का लें। एक कागज पर ठीक दो कोपेकी सिक्के के बराबर छेद बना लें। क्या ख्याल है आपका, पाँच का सिक्का इस छेद से होकर निकल

आयेगा !

इसमें कोई चाल नहीं है : हल का संबंध सचमुच रेखागणित के साथ है।

84. मीनार की ऊंचाई. आपके शहर में एक दर्शनीय मीनार है, जिसकी ऊँचाई आप नहीं जानते। पोस्टकार्ड पर छपा मीनार का एक फोटो आपके हाथ में है। यह फोटो मिनार की ऊँचाई निर्धारित करने में कैसे मदद कर सकता है?

85. समरूप आकृतियां. यह प्रश्न उनके लिये है, जो जानते हैं किं ज्यामितीय आकृतियों की समरूपता का क्या अर्थ होता है। दो निम्न प्रश्नों का उत्तर देना है :

1. चित्र 75 के त्रिकोण में भीतरी और बाहरी त्रिभुज समरूप हैं या नहीं?

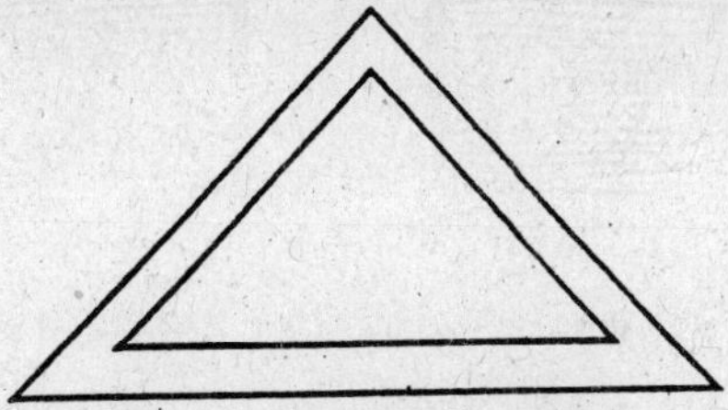

चित्र 75. बाह्य और अंतः त्रिभुज
समानुपाती हैं या नहीं

2. चित्र 76 के फ्रेम में बाहरी तथा भीतरी आयत समरूप हैं या नहीं?

चित्र 76. बाहरी और भीतरी आयत समानुपाती हैं या नहीं?

86. तार की छाया. धूप के दिन टेलीग्राफ के 4 मि.मी. मोटे तार की पूर्ण छाया व्योम में कितनी दूर तक फैलेगी?

87. ईंट. इमारती ईंट का वजन 4 कि.ग्रा. है। उसी सामग्री से घरौंदे के लिये बनी ईंट का वजन क्या होगा, यदि उसकी सभी लंबाइयाँ चार गुना कम हैं?

88. दैत्य और बौना. एक मीटर कद के बौने से दो मीटर कद का "दैत्य" लगभग कितना गुना भारी होगा?

89. दो तरबूज. कलखोज बजार में भिन्न आकारों के दो तरबूज बिक रहे हैं। एक तरबूज दूसरे से चौथाई गुना अधिक चौड़ा है और $1\frac{1}{2}$ गुना अधिक महंगा है। किसे खरीदना अधिक लाभकर होगा?

90. दो खरबूजे. एक किस्म के दो खरबूजे बिक रहे हैं। एक की गोलाई (परिधि) 60 से.मी. है और दूसरे की –50 से.मी.। पहला दूसरे से डेढ़ गुना महंगा है। किसे खरीदने में अधिक फायदा होगा।

91. बेर. बेर में बीज के चारों ओर गूदे की परत बीज जितनी ही मोटी है। मान लें कि बीज और बेर, दोनों ही गोलाकार हैं। क्या आप मन ही मन हिसाब लगा सकते हैं कि गूदे का आयतन बीच के आयतन से लगभग कितना गुना बड़ा होगा?

92. पेरिस की मीनार का प्रतिमान. पेरिस की मीनार 300 मीटर ऊँची है। वह पूरी लोहे की है और उसे बनाने में 8 000 000 कि.ग्रा. लोहा खर्च हुआ था। मैं इस विख्यात मीनार का एक बिल्कुल सही लौह प्रतिमान बनवाना चाहता हूँ, जिसका वजन 1 कि.ग्रा. होगा।

उसकी ऊँचाई कितनी होगी? ग्लास से कम या अधिक?

93. दो पतीले. समान आकृति के दो पतीले हैं। दोनों की दीवारों की मुटाई एक है। एक में दूसरे से आठ गुनी अधिक जगह है।

कितना गुना अधिक भारी है वह?

94. ठंड में. एक आदमी और एक बच्चा एक ही तरह से पहने-ओढ़े ठंड में खड़े हैं।

किसे अधिक ठंड लग रही है?

72—94 पहेलियों के उत्तर

72. पहली झलक में प्रश्न ज्यामिति से संबंधित नहीं लगता। लेकिन इस विज्ञान की जानकारी तभी सही कही जा सकती है, जब आपको प्रश्न में इधर-उधर के विवरणों से छिपे रेखागणितीय आधार को ढूढ़ना आता हो। हमारा प्रश्न निस्संदेह रेखागणित का है; रेखागणित की जानकारी बगैर उसे हल नहीं किया जा सकता।

अब देखें कि घोड़ेगाड़ी की अगली धूरी पिछली धूरी की अपेक्षा जल्द क्यों घिसती है। सर्वविदित है कि अगले चक्के पिछले से छोटे होते हैं। एक ही दूरी तय करने में छोटा चक्का बड़े की अपेक्षा अधिक बार घूमता है। छोटे चक्के की परिधि कम होती है और इसीलिये दी गयी दूरी में अधिक बार अँटती है। इससे स्पष्ट है कि हर सफर में अगले चक्के पिछलों की अपेक्षा अधिक बार घूमते हैं और इससे धूरी बेशक जल्द घिसती है।

73. यदि आप सोचते हैं कि वीक्ष में हमारा कोण $1\frac{1}{2} \times 4 = 6°$ का दिखेगा, तो आप गलती कर चुके हैं। विशालक से देखने पर कोण की मात्रा नहीं बढ़ती। यह सही है कि कोण बनाने वाला चाप बड़ा दिखने लगेगा। लेकिन

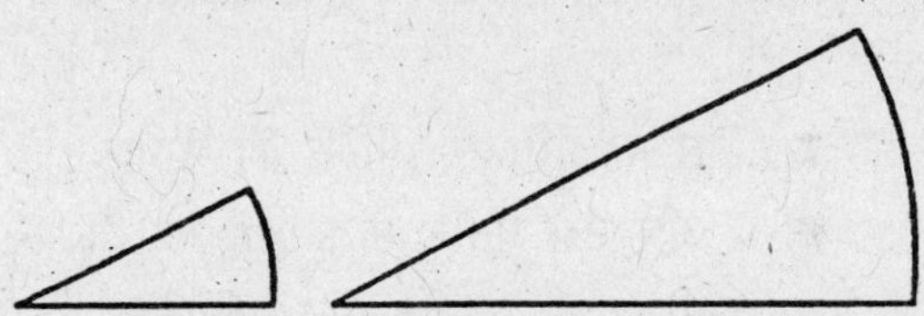

चित्र 77

इसी अनुपात में चाप की त्रिज्याओं की लंबाई भी बढ़ जायेगी और केंद्र-स्थित कोण का मान वही रह जायेगा। यह आप चित्र 77 से समझ सकते हैं।

74. चित्र 78 को ध्यानपूर्वक देखें। लेवेल के चाप की पूर्व-स्थिति MAN है। M'BN' उसकी नयी स्थिति है। चापकर्ण M'N' और चापकर्ण MN के बीच का कोण $\frac{1}{2}°$ का है। लेवेल की दोनों स्थितियाँ इस प्रकार चुनी गयी हैं कि बुलबुला पहले की भाँति अब भी A बिंदु पर है, पर चाप MN का मध्य A से B पर खिसक आया है। चाप AB की लंबाई ज्ञात करनी है, जबकि उसकी त्रिज्या 1 मीटर है और केंद्र पर उसके द्वारा स्थापित कोण $\frac{1}{2}°$ का है (यह

परस्पर लम्ब भुजाओं वाले न्यून कोणों की तुल्यता से ज्ञात होता है)।

परिकलन जटिल नहीं है। 1 मीटर (1000 मि.मी.) त्रिज्या वाले वृत्त की पूरी परिधि 2 × 3, 14 × 1000 = 6280 मि.मी. लम्बी होगी। परिधि केंद्र पर 360° या 720 अर्द्ध-डिग्रियाँ बनाती है, अतः एक अर्द्ध-डिग्री का कोण 6280 : 720 = 8.7 मि.मी. लंबा चाप बनायेगा।

बुलबुला अपने चिह्न से लगभग 9 मि.मी. या करीब एक सेंटीमीटर खिसक आयेगा। आसानी से देखा ज़ा सकता है कि नली की वक्रता की त्रिज्या जितनी बड़ी होगी, लेवेल उतना ही संवेदनशील होगा।

75. प्रश्न मजाक के लिये नहीं दिया गया है; इसमें साधारण शब्द-प्रयोग की गलती छिपी है। "षटफलकीय" पेंसिल के, जैसा कि अधिकांश लोग सोचते होंगे, 6 फलक नहीं होते। यदि वह छिली नहीं है, तो उसके 8 फलक होंगे :

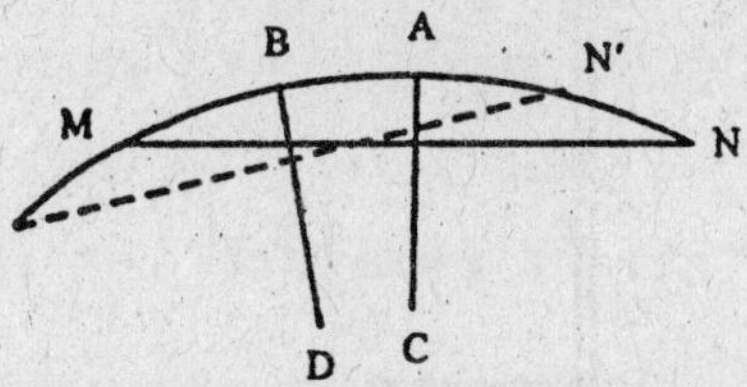

चित्र 78

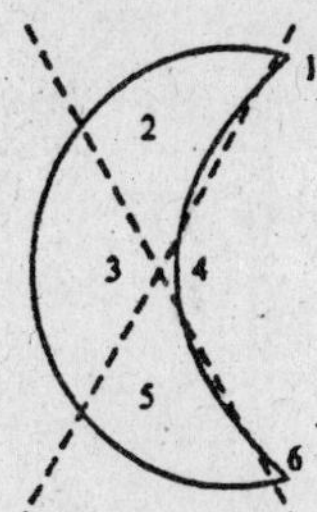

चित्र 79

6 पार्श्वीय और 2 किनारों के। यदि सचमुच में उसके छः फलक होते तो उसका आकार चतुर्भुजी काट वाले छड़ की भाँति होता।

प्रिज्म में सिर्फ पार्श्वीय फलकों की गणना करने की गलती काफी प्रचलित है। बहुधा लोग त्रिफलकीय प्रिज्म, चतुर्फलकीय प्रिज्म आदि शब्दों का प्रयोग करते हैं। इनको प्रिज्म के आधार के आकारानुसार त्रिकोण, चतुर्भुजी आदि कहना अधिक उपयुक्त होगा। त्रिफलकीय प्रिज्म, अर्थात् तीन फलकों वाला प्रिज्म, होता भी नहीं है।

इसीलिये पेंसिल को, जिसका उल्लेख प्रश्न में किया गया है, षटफलकीय की बजाय षटकोण कहना चाहिये।

76. कैसे करना चाहिये—यह चित्र 79 में दिखाया गया है। सुविधा के लिये प्राप्त सभी 6 भाग अंकों द्वारा निर्दिष्ट हैं।

77. तीलियों को चित्र 80, *a* की भाँति रखना चाहिये। इस आकृति का क्षेत्रफल एक "तीली-वर्ग" का चौगुना है। कैसे इसका विश्वास किया जा सकता है? कल्पना द्वारा इस आकृति को बढ़ा कर एक समकोण त्रिभुज में पूरा करें। इस समकोण त्रिभुज का आधार तीन तीलियाँ हैं और ऊँचाई—4 तीलियाँ*।

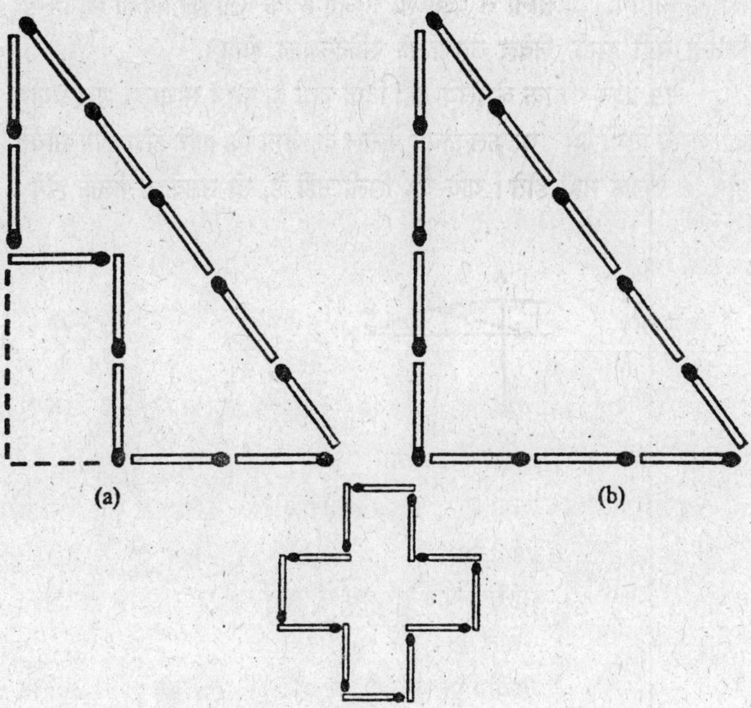

चित्र 80

---

* "पियागोरस साध्य" से परिचित पाठक समझ गये होंगे कि हम विश्वासपूर्वक क्यों कह सकते हैं कि त्रिभुज समकोण ही होगा। : $3^2+4^3=5^2$

इसका क्षेत्रफल आधार और ऊँचाई के गुणनफल का आधा $\frac{1}{2} \times 3 \times 4 = 6$ वर्ग तीली होगा (चित्र 80, *b*)। पर हमारी आकृति का क्षेत्रफल स्पष्टतः इस त्रिभुज के क्षेत्रफल से 2 वर्ग-तीली कम है। अतः आकृति का क्षेत्रफल 4 वर्ग-तली है।

78. सिद्ध किया जा सकता है कि समान लम्बाई वाली (या दूसरे शब्दों में, समान परिमिति की) रेखाकृतियों में वृत्त का क्षेत्रफल अधिकतम होता है। निस्संदेह, तीलियों से वृत्त नहीं बनाया जा सकता, पर 8 तीलियों से एक आकृति वनायी जा सकती है (चित्र 81), जो वृत्त के अधिकतम निकट हो। यह समबाहु अष्टकोण है। एकमात्र यही आकृति

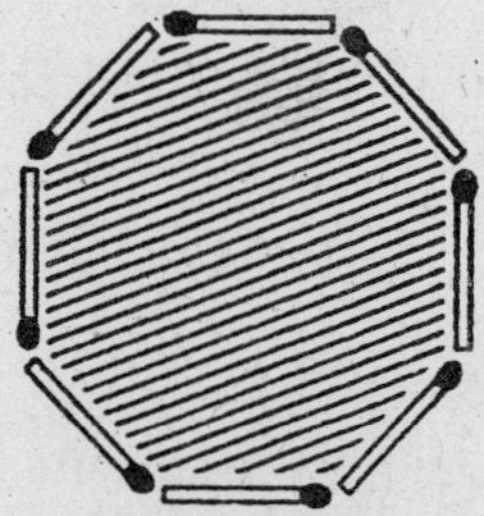

चित्र 81

हमारे प्रश्न की शर्त्तों को पूरी करती है : इसका क्षेत्रफल अधिकतम है।

79. प्रश्न हल करने के लिये बेलनाकार बरतन के पार्श्वीय सतह को फैला कर एक समतल आयत का रूप दे दें (चित्र 82)। इसकी ऊँचाई 20 से.मी. होगी और आधार बरतन की परिधि, अर्थात् $10 \times 3\frac{1}{7} = 31\frac{1}{2}$ से.मी. (लगभग) के बराबर होगा। इस आयत पर शहद और मक्खी का स्थान निर्धारित करें। मक्खी बिंदु A पर आधार से 17 से.मी. की ऊँचाई पर है। बूंद उसी ऊँचाई की बिंदु B पर है, जो A से अर्द्ध-परिधि, अर्थात् $15\frac{3}{4}$ से.मी. की दूरी पर है।

बिंदु, जिस पर मक्खी बरतन की दीवार रेंगती हुई पार करेगी, उसे ढूढ़ने के लिये निम्न बनावट पूरा करें : बिंदु B से (चित्र 83) आयत की ऊपरी भुजा पर एक लंब डालें और उसे अपनी लंबाई जितना ही (बिंदु C तक) और बढ़ा दें। C और A बिंदुओं को मिला दें। D वह बिंदु होगी, जिसपर मक्खी रेंगती हुई बरतन के दीवार की दूसरी तरफ जायेगी। पथ ADB न्यूनतम होगा।

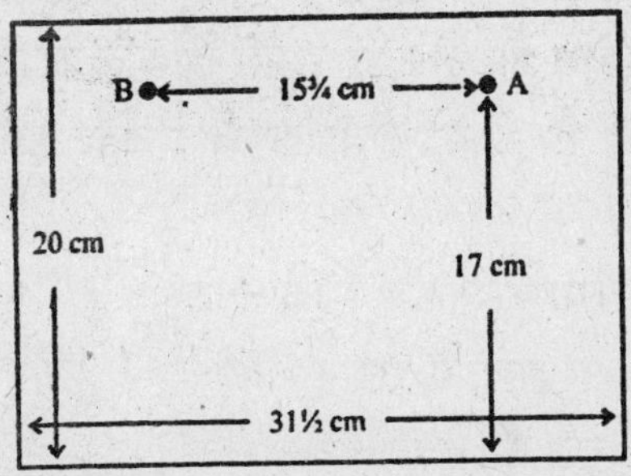

चित्र 82

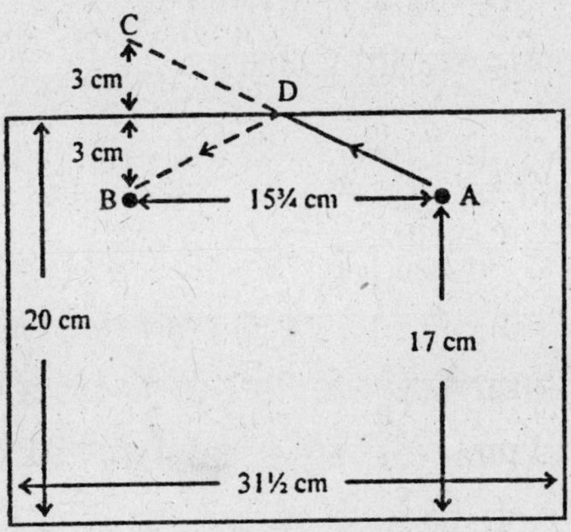

चित्र 83

बिछे आयत पर न्यूनतम पथ ढूढ़ने के बाद उसे पुनः बेलनाकार मोड़कर हम देख सकते हैं कि शहद की बूंद तक शीघ्र पहुँचने के लिये मक्खी किस पथ का अनुगमन करेगी (चित्र 84)।

इस प्रकार की स्थितियों में मक्खियाँ ऐसा पथ चुनती हैं या नहीं, कहना मुश्किल है। हो सकता है कि गंध से प्रेरित वह सचमुच न्यूनतम पथ पर चलती है। पर इसकी संभावना कम ही है : इसके लिये घ्राण-शक्ति की संवेदनशीलता ही पर्याप्त नहीं है।

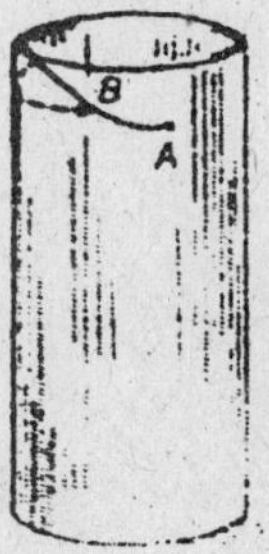

चित्र 84

चित्र 85

80. ऐसा एक डाट बनाना सचमुच ही संभव है। उसका आकार चित्र 85 में दिखाया गया है। आप आसानी से देख सकते हैं कि इस एक ही डाट से आप तिकोन वर्गाकार और गोल तीनों प्रकार के छेद बंद कर सकते हैं।

81. चित्र 86 में दर्शित छेदों (गोल वर्गाकार और क्रौस-आकार) को बंद करने के लिये भी एक डाट संभव है। इसे चित्र 86 में तीन पार्श्वों से दिखाया गया है।

चित्र 86

चित्र 87

82. ऐसा भी एक डाट संभव है। चित्र 87 में आप इसे तीन भिन्न स्थितियां से देख सकते हैं।

(ऐसी समस्याओं से अक्सर प्रारूपकारों को वास्ता पड़ता है जब उन्हें मशीन के किसी भाग के किन्हीं तीन प्रक्षेपणों के आधार पर उसका आकार

निर्धारित करना पड़ता है।)

83. बात कितनी भी विचित्र क्यों न लगे पाँच-कोपेकी को दो-कोपेकी के तुल्य छेद से निकालना पूर्ण रूप से संभव है। इसके लिये सिर्फ काम हाथ में लेना पड़ेगा। कागज को इस प्रकार मोड़ते हैं कि गोल छेद लमड़ कर एक सीधी दरार में परिवर्तित हो जाये (चित्र 88) : इस दरार से आप पाँच-कोपेकी सिक्का पार करा सकते हैं।

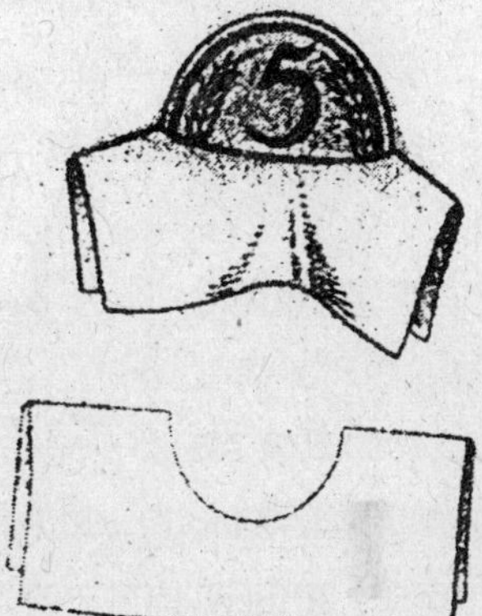

चित्र 88

रेखागणितीय परिकलन इस हाथ की सफाई को समझा जा सकता है। दो-कोपेकी सिक्के का व्यास 18 मि॰मी॰ होता है। उसकी परिधि आसानी से ज्ञात कर सकते हैं : वह 56 मि॰मी॰ से कुछ अधिक होगी। अतः सीधी दरार की लंबाई 28 मि॰मी॰ होगी। चूंकी पाँच-कोपेकी सिक्के का व्यास सिर्फ 25 मि॰मी॰ होता है वह 28 मि॰मी॰ लंबी दरार से सरलतापूर्वक निकल आ सकता है। इसमें उसकी मुटाई ($1\frac{1}{2}$ मि॰मी॰) कोई बाधा नहीं डालेगी।

84. फाटोग्राफ के आधार पर मीनार की वास्तविक ऊँचाई ज्ञात करने के लिये पहले फोटो पर मीनार के आधार और उसकी ऊँचाई को सही-सही नाप लेना चाहिये। माना कि फोटो पर मीनार की ऊँचाई 95 मि॰मी॰ तथा आधार 19 मि॰मी॰ है। फिर आप वास्तविक मीनार के आधार की लंबाई नापते हैं। माना कि वह 14 मीटर है।

अब आप निम्न विचारक्रम का अनुसरण करते हैं।

मीनार का फोटो और उसकी वास्तविक परि-आकृति रेखागणित की दृष्टि से समरूप हैं। अतः फोटो में मीनार की ऊँचाई उसके आधार से जितनी गुनी अधिक होगी, वास्तविक मीनार की ऊँचाई उसके आधार से उतनी ही गुनी अधिक होगी। प्रथम अनुपात $95 : 19 = 5$ है। इससे निष्कर्ष निकलता

है कि मीनार की वास्तविक ऊँचाई उसके आधार से 5 गुनी अधिक है : 14 × 5 = 70 मी.।

मीनार की ऊँचाई 70 मीटर है।

उल्लेख्य है कि मीनार की ऊँचाई ज्ञात करने के लिये हर तरह का फोटो नहीं प्रयक्त हो सकता। इसके लिये ऐसा फोटो चाहिये, जिसमें उसके अनुपात बिगड़े न हों, जैसा कि अक्सर नौसिखुए फोटोग्राफरों द्वारा खींचे गये फोटो में होता है।

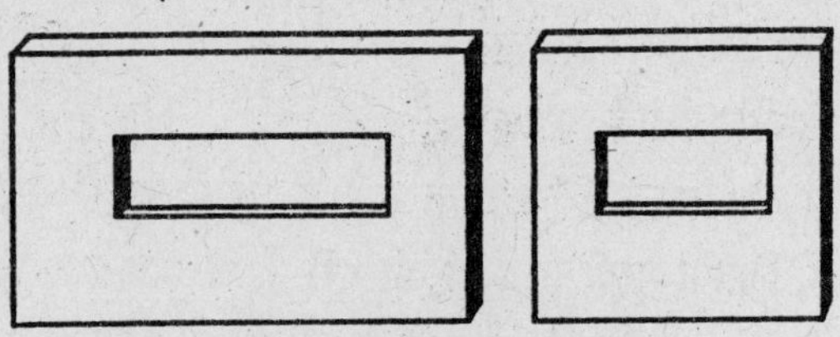

चित्र 89

85. लोग अक्सर दोनों ही प्रश्नों के लिये सकारात्मक उत्तर देते हैं। पर वास्तव में सिर्फ त्रिभुज समरूप हैं। फ्रेम की आकृति में बाहरी और भीतरी आयत समरूप नहीं हैं। त्रिभुजों की समरूपता के लिये उनके कोणों का बराबर होना पर्याप्त है। चूंकि दिये गये त्रिकोण की बाह्य भुजायें आंतरिक भुजाओं के समानांतर हैं, दोनों ही–बाह्य तथा आंतरिक– आकृतियाँ समरूप हैं। अन्य बहुभुजों की समरूपता के लिये उनके कोणों का बराबर होना (या दूसरे शब्दों में, उनकी भुजाओं का समानांतर होना) पर्याप्त नहीं है। इसके लिये बहुभुजों की भुजाओं का समानुपाती होना भी आवश्यक है। फ्रेम जैसी आकृति के भीतरी और बाहरी चतुर्भुज तभी समरूप हो सकते हैं, जब वे वर्ग (या कोई भी समबाहु चतुर्भुज) हों। सभी अन्य स्थितियों में बाह्य चतुर्भुज की भुजायें आंतरिक चतुर्भुज की भुजाओं के समानुपाती नहीं होंगी और इसीलिये ये दोनों आकृतियाँ समरूप नहीं होंगी। समरूपता की अनुपस्थिति चित्र 89 जैसी चौड़े फ्रेम वाली आकृति में स्पष्ट दिखती है। बायें फ्रेम में बाह्य भुजाओं का अनुपात 2 : 1 और आंतरिक भुजाओं का अनुपात 4 : 1 है। दायें फ्रेम में ये अनुपात क्रमशः 4 : 3 और 2 : 1 हैं।

86. बहुतों का आश्चर्य होगा कि इस प्रश्न के हल के लिये खगोल-शास्त्र की भी जरूरत पड़ सकती है, क्योंकि हमें पृथ्वी से सूरज तक की दूरी और

सूरज का व्यास जानना होगा।

तार द्वारा व्योम में प्रक्षिप्त पूर्ण छाया की लंबाई चित्र 90 की रेखागणितीय बनावट द्वारा निर्धारित होती है। आसानी से देख सकते हैं कि छाया तार के अनुप्रस्थ से उतनी ही गुनी अधिक लंबी है, जितनी पृथ्वी से सूरज की दूरी (150 000 000 कि.मी.) सूरज के अनुप्रस्थ (1 400 000 कि.मी.) से बड़ी है। आखिरी अनुपात लगभग 115 के बराबर है। अतः तार द्वारा व्योम में प्रक्षिप्त पूर्ण छाया की लंबाई होगी।

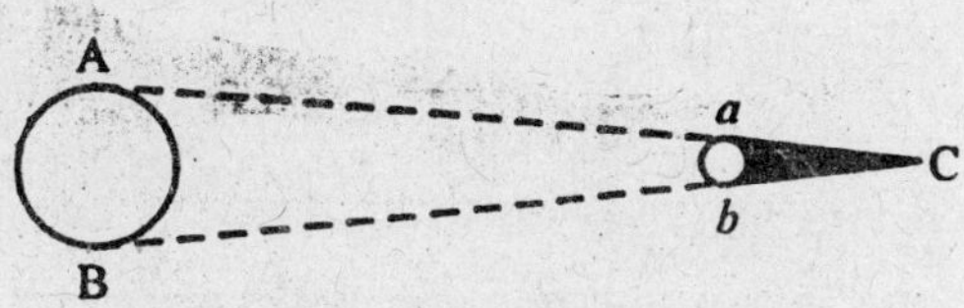

चित्र 90

4 × 115 = 460 मि.मी. = 46 से.मी.।

पूर्ण छाया की लंबाई इतनी कम होने के कारण ही हम उसे पृथ्वी या घरों की दीवारों पर नहीं देख पाते। वे धूंधली धारियाँ, जो हमें दृष्टिगोचर होती हैं, छाया नहीं, बल्कि अर्द्धछाया हैं।

ऐसे प्रश्नों के हल की एक अन्य विधि 8-वीं पहेली में बतायी गयी थी।

87. घरौंदे की ईंट का वजन 1 कि.ग्रा. होगा, अर्थात् वह इमारती ईंट से सिर्फ चार गुना कम भारी होगा—ऐसा उत्तर बिल्कुल गलत है। सिर्फ उसकी लंबाई ही चार गुनी कम नहीं है; उसकी चौड़ाई और ऊँचाई भी चार-चार गुनी कम है। उसका आयतन 4 × 4 × 4 = 64 गुना कम है। अतः सही उत्तर होगा :

घरौंदे की ईंट का वजन 4 000 : 64 = 62,5 ग्रा.।

88. इस प्रश्न के हल के लिए आवश्यक ज्ञान आपको प्राप्त हो चुका है। चूंकि मानव-शरीर की आकृतियाँ लगभग समरूप होती हैं, दुगुना कद होने पर आदमी का आयतन दो गुना नहीं, बल्कि 8 गुना अधिक होगा। अतः हमारा "दैत्य" 8 गुना अधिक भारी होगा।

सबसे ऊँचा "दैत्य", जिसके बारे में इतिहास बताता है, एल्जास का निवासी था। उसका कद था 275 से.मी.। यह आदमी की औसत ऊँचाई से

एक मीटर अधिक है। सबसे छोटे बौने का कद 40 से.मी. से कुछ कम था, अर्थात् वह उक्त एल्जास निवासी से लगभग 7 गुना कम ऊँचा था। अतः यदि तराजू के एक पलड़े पर एल्जासी "दैत्य" को रखा जाये, तो दूसरे पलड़े पर संतुलन के लिये $7 \times 7 \times 7 = 343$ बौनों को खड़ा करना पड़ेगा। यह बौनों की पूरी भीड़ होगी।

89. बड़े तजबूज का आयतन छोटे से

$$1\frac{1}{4} \times 1\frac{1}{4} \times 1\frac{1}{4} = \frac{125}{64},$$

अर्थात् लगभग दुगुना बड़ा होगा। अतः बड़ा तरबूज खरीदना अधिक फायदेमंद होगा : उसकी कीमत सिर्फ डेढ़ गुनी अधिक है और उसमें खाद्यांश दुगुना है।

फिर बेचने वाले ऐसे तरबूजों की कीमत डेढ़ गुनी की बजाय दुगुनी अधिक क्यों नहीं रखते? बात यह है कि बेचने वाले अधिकांशतः रेखागणित का इतना ज्ञान नहीं रखते। वैसे, खरीददार भी उसमें कमजोर ही होते हैं, जब वे ऐसे लाभप्रद सौदे से अक्सर इन्कार करते हैं। बिना किसी डर के कहा जा सकता है कि छोटे तरबूजों की बजाय बड़े तरबूज खरीदना हमेशा फायदेमंद है, क्योंकि उनकी कीमत उनके वास्तविक मूल्य से कम आँकी जाती है। पर अधिकांश खरीददार इसकी कल्पना भी नहीं करते।

इसी कारणवश, छोटे अंडों की अपेक्षा बड़े अंडे खरीदना अधिक लाभकर है, यदि उनकी कीमत वजन के अनुसार नहीं आँकी जाती।

90. वृत्तों की परिधियों का अनुपात उनके व्यासों के अनुपात के बराबर होता है (परिधि और व्यास समानुपाती होते हैं)। यदि एक खरबूजे की परिधि 60 से.मी. है और दूसरे की 50 से.मी., तो उनके व्यासों का अनुपात 60 : 50 $= \frac{6}{5}$ और उनके आयतनों का अनुपात

$$\left(\frac{6}{5}\right)^3 = \frac{216}{125} \approx 1.73$$ होगा।

आयतन (या वजन) के अनुसार बड़े खरबूजे की कीमत छोटे से 1.73 गुना, अर्थात् 73% अधिक आँकी जानी चाहिये। पर उसके लिये सिर्फ 50% अधिक मांग रहे हैं। लाभ ही लाभ है !

91. प्रश्न की शर्त्त के अनुसार बेर का व्यास बीज के व्यास से तीन

गुना अधिक है। अतः बेर का आयतन बीज के आयतन से $3 \times 3 \times 3 = 27$ गुना अधिक है। बेर में बीज का अंश $\frac{1}{27}$ है और खाद्यांश—बाकी $\frac{26}{27}$। अतः आयतनानुसार खाद्यांश बीज से 26 गुना अधिक है।

92. यदि मान से प्रतिमान 8 000 000 गुना हल्का है और दोनों एक ही धातु के बने हैं, तो प्रतिमान का **आयतन** मान के आयतन से 8 000 000 गुना कम होगा। हमें ज्ञात है कि समरूप पिंडों के आयतन उनकी घन-ऊँचाइयों के समानुपाती होते हैं। अतः प्रतिमान मान से 200 गुना कम ऊँचा होना चाहिये, क्योंकि

$200 \times 200 \times 200 = 8\,000\,000$

वास्तविक मीनार की ऊँचाई 300 मी. है। अतः उसके प्रतिमान की ऊँचाई

$300 : 200 = 1\frac{1}{2}$ मी. होगी।

प्रतिमान लगभग आदमी के कद के बराबर होगा।

93. रेखागणित की दृष्टि से दोनों ही पतीले समरूप पिंड हैं। यदि बड़े पतीले में 8 गुना अधिक स्थान है, तो उसके सभी रैखिल माप दो गुना अधिक हैं : वह दुगुना ऊँचा तथा सब ओर से दुगुना चौड़ा है। यदि वह दुगुना ऊँचा तथा दुगुना चौड़ा है, तो उसकी सतह का क्षेत्रफल 2×2, अर्थात् चार गुना अधिक होगा, क्योंकि समरूप पिंडों की सतहों के क्षेत्रफल उनके रैखिल मापों के वर्गों के समानुपाती होते हैं। दीवारों की मुटाई समान होने पर उनका भार उनकी सतहों के क्षेत्रफलों पर निर्भर करेगा। अतः प्रश्न का उत्तर है : बड़ा पतीला छोटे से चौगुना भारी है।

94. प्रथम दृष्टि में यह प्रश्न गणित से संबंधित नहीं लगता, पर इसका हल सारतः उन्हीं रेखागणितीय तर्कों द्वारा होता है, जिनका प्रयोग हमने पिछले प्रश्न के हल में किया था।

प्रश्न को हल करने के पहले हम इसी प्रकार का एक दूसरा, अधिक सरल प्रश्न देखते हैं।

एक ही धातु से बनी दो क़ेतलियाँ हैं। एक छोटी है और एक बड़ी है। दोनों ही गर्म पानी से भरी हैं। कौन जल्द ठंडी होगी?

चीजें मुख्यतः अपनी सतहों पर से ठंडी होती हैं। अतः पहले वह केतली ठंडी होगी, जिसके इकाई आयतन की सतह अधिक है। यदि एक केतली दूसरी से n गुनी ऊँची तथा n गुनी चौड़ी है, तो उसकी कुल सतह का क्षेत्रफल n^2 गुना अधिक होगा और उसका आयतन n^3 गुना अधिक होगा। बड़ी केतली में इकाई क्षेत्रफल की सतह के लिये छोटी केतली से n गुना अधिक आयतन है। अतः छोटी केतली जल्द ठंडी होगी।

इन्हीं कारणों से हिमपात में खड़े बच्चे को बड़े से अधिक ठंड लगेगी, चाहे उनके कपड़े-लत्ते एक से ही क्यों न हों। उनके शरीरों के हर घन से.मी. में ताप की लगभग एक ही मात्रा उत्पन्न होती है, पर बच्चे के शरीर के प्रति घन से.मी. के लिये ताप खोने वाली सतह आदमी के शरीर से कहीं ज्यादा है।

हाथ-पैर की उंगलियाँ ठंड से जल्द अँकड़ती हैं और बर्फीली हवा में जल्द जम जाती हैं। इसका भी कारण यही है कि शरीर के अन्य भागों की सतहों का क्षेत्रफल उनके आयतनों की तुलना में उतना अधिक नहीं होता।

इसी से संबंधित एक और प्रश्न है :

लकड़ी के कुंदे की अपेक्षा उससे काट कर बनायी गयी चैलियाँ क्यों जल्द जलती हैं?

चूंकि तपन पिंडों की सतह से शुरू होती है और फिर उसके पूरे आयतन पर फैलती है, वर्गाकार अनुप्रस्थ वाली चैली की सतह व आयतन की तुलना उसी लंबाई वाले (और उसी प्रकार के वर्गाकार अनुप्रस्थ वाले) कुंदे की सतह व आयतन के साथ करनी चाहिये। तभी ज्ञात होगा कि दोनों ही स्थितियों में इकाई घन से.मी. लकड़ी के लिये कितनी सतह है। यदि कुंदा चैली से 10 गुना मोटा है, उसका आयतन 100 गुना अधिक होगा। अतः चैली में इकाई सतह के हिस्से में कुंदे की अपेक्षा 10 गुना कम आयतन आयेगा : ताप की एक ही मात्रा को चैली के लिये 10 गुना कम पदार्थ जलाना पड़ता है और इसीलिये ताप के एक ही स्रोत से कुंदे की अपेक्षा चैली जल्द जलती है। (लकड़ी के बुरे ताप-संचारक होने के कारण उपरोक्त अनुपातों को समीपवर्ती भर मानना अधिक उपयुक्त होगा : वे प्रक्रियाओं की सामान्य गति की विशेषता निर्दिष्ट करते हैं, उसके परिमाणात्मक पक्ष को नहीं।)

तीस मिल-जुले प्रश्न

आशा है कि इस पुस्तक के साथ पाठक का परिचय निरर्थक नहीं रहा। इससे उसका कोरा मनोरंजन ही नहीं, कुछ लाभ भी हुआ होगा। कुशाग्रता व प्रत्युत्पन्नमतित्व का विकास करना तथा ज्ञान के उपयोग में कुशलता प्राप्त कराना ही इस पुस्तक का ध्येय था। पाठक शायद अब अपनी बुद्धिमत्तता की परीक्षा लेना चाहता है। इसके लिये यहाँ तीस विभिन्न प्रकार के प्रश्न दिये जा रहे हैं।

101. जंजीर. लोहार के पास जंजीर की पाँच टुकड़ियाँ ज़ोड़ने के लिये लायी गयीं। प्रत्येक में तीन कड़ियाँ थीं।

काम शुरू करने के पहले लोहार सोचने लगा : कितनी कड़ियों को खोलना चाहिये कि जंजीर फिर से पूरी जोड़ी जा सके। सोच-विचार कर उसने निश्चय किया कि चार कड़ियाँ खोलनी पड़ेंगी।

क्या कुछ कम कड़ियों को खोलने से काम नहीं चलेगा?

102. मकड़े और मुंगरे. एक बच्चे ने डिब्बी में कुछ मकड़ों और मुंगरों को पकड़ कर रखा, जिनकी कुल संख्या 8 थी। यदि उनके पैरों कि गिनती की जाये, तो कुल 54 पैर होते हैं।

कितने मकड़े और कितने मुंगरे डिब्बी में थे?

103. टोप, बरसाती और जूते. किसी ने एक टोप, एक बरसाती और एक जोड़े जूते खरीदे। इसके लिये उसे 20 रूबल देने पड़े। बरसाती टोप से

9 रूबल अधिक कीमती है, टोप और बरसाती दोनों की सम्मिलित कीमत जूतों की कीमत से 16 रूबल अधिक होती है। इनमें से प्रत्येक वस्तु की

चित्र 91. सिकड़ी की पाँच टुकड़ियां।

अलग-अलग कीमत बतायें।

प्रश्न मुजबानी हल करना है; समिकरणों की मदद से नहीं।

104. मुर्गी और वत्तख के अंडे. अंडों की टोकरियाँ रखी हैं। कुछ में मुर्गियों के अंडे हैं और कुछ में बतखों के। उनकी संख्यायें हैं—5, 6, 12, 14, 23 और 29। "यदि मैं इस टोकरी को बेच दूं, दुकानदार सोचता है, तो मेरे पास बतख के अंडों से दुगुने मुर्गी के अंडे बच जायेंगे"।

दुकानदार किस टोकरी के बारे में सोच रहा था?

105. उड़ान. शहर A से शहर B तक उड़ने में हवाई जहाज़ को 1 घंटा 20 मिनट लगते हैं। पर वापस उड़ने में उसे सिर्फ 80 मिनट लगते हैं। क्या कारण है इसका?

106. पैसों का उपहार. एक पिता ने अपने पुत्र को 150 रूबल दिये। दूसरे ने अपने बेटे को 100 रूबल दिये। पता चला कि दोनों बेटों की सम्मिलित पूंजी में सिर्फ 150 रूबल की वृद्धि हुई है। यह कैसे?

107. दो गोटियां. खाली ड्राफ्टस* के घरों में एक सफेद और एक काली गोटियाँ रखनी है। कितने प्रकार से उनकी स्थितियाँ बदली जा सकती हैं?

108. दो अंकों से. दो अंकों की मदद से कौन सी न्यूनतम पूर्ण संख्या लिखी जा सकती है?

109. इकाई. सभी दस अंकों की मदद से संख्या 1 को व्यक्त करें।

---

* ड्राफ्टस शतरंज के तख्ते पर ही खेलते हैं। फर्क इतना है कि ड्राफ्टस की गोटियाँ सिर्फ काले घरों पर रखते हैं। सफेद घर बेकार होते हैं।

110. पाँच नहलों से. पाँच नहलों की मदद से संख्या 10 को व्यक्त करना है। कम से कम दो विधियाँ बतायें।

111. सभी दस अंकों से. सभी दस अंकों का प्रयोग करते हुए संख्या 100 को व्यक्त करें। कितनी तरह से आप यह कर सकते हैं?

कम से कम चार विधियाँ हैं इसके लिये।

112. चार तरीकों से. किन्हीं पाँच समान अंकों का प्रयोग कर चार तरीकों से संख्या 100 को व्यक्त करें।

113. चार इकाइयों से. चार बार एक का प्रयोग कर कौन सी अधिकतम संख्या लिख सकते हैं?

114. रहस्यमय विभाजन. भाग के निम्न उदाहरण में सभी अंकों की जगह तारक-चिन्ह लगे हैं; सिर्फ चार चौवे बचे हैं। तारों की जगह लुप्त अंकों को लिखें।

```
   ******4 | ***
 -         |-----
   ***     | *4**
 ----------
   **4*
 -
   ****
 ----------
    ****
 -
     *4*
 ----------
     ****
 -
     ****
 ----------
```

इस प्रश्न के कई हल हो सकते हैं।

115. एक और विभाजन. निम्न उदाहरण में भी लुप्त अंकों को ढूढ़ना है। इसमें सिर्फ सात सत्ते बचे हैं :

```
**7*******|****7*
******    |**7**
*****7*
-*******
  *7****
 -*7****
  *******
 -****7**
    ******
   -******
```

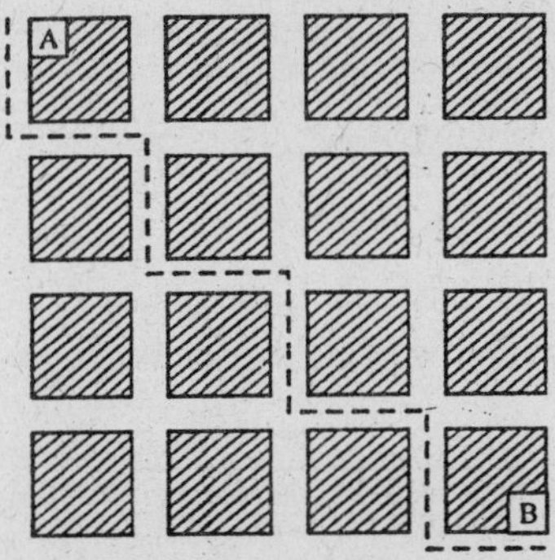

चित्र 92. जंगल में विश्रामकुटियों के पथ पर वर्गाकार टुकड़ियां हैं।

116. कितना लंबा? मन ही मन हिसाब लगायें कि एक वर्ग मीटर के सभी मिलिमीटर भुजा वाले वर्गों को एक कतार में सटा-सटाकर रखने पर कितना लम्बा फीता मिलेगा।

117. ऐसा ही एक और प्रश्न. मन ही मन हिसाब लगायें कि एक घन मीटर के सभी मिलिमीटर भुजा वाले घनों को एक के ऊपर एक रखने पर कितना ऊँचा स्तंभ मिलेगा।

118. हवाई जहाज. डैनों सहित 12 मीटर की चौड़ाई वाले हवाई जहाज का चित्र उस समय खींचा गया, जब वह ठीक कैमरे के ऊपर से उड़ रहा था। कैमरे की गहराई (विक्ष से पर्दे की दूरी) 12 से. मी. है और चित्र का

आकार 8 मि. मी. है।

चित्र खींचते समय हवाई जहाज कितना ऊँचा उड़ रहा था?

119. एक मिलियन वस्तुयें. किसी वस्तु का वजन 89.4 ग्राम है। मन में हिसाब लगायें कि एक मिलियन (दस लाख) वैसी ही वस्तुओं का वजन कितना होगा।

120. राहों की संख्या. चित्र 92 में आप वर्गाकार घरों को देख रहे हैं। हरेक के चारों तरफ रास्ते बने हुए हैं। स्थान A से स्थान B तक बिंदुओं द्वारा एक पथ प्रदर्शित किया गया है। निस्संदेह, उक्त स्थानों के बीच यह एकमात्र पथ नहीं है। समान लंबाई के और कितने पथ आप ढूंढ़ सकते हैं?

121. घड़ी का डायल. इस डायल को (चित्र 93) किसी भी आकार के छः भागों में बाँटना है। शर्त यह है कि हर भाग में संख्याओं का योग समान हो।

प्रश्न का लक्ष्य यह परखना नहीं है कि आप कितने समझदार हैं, बल्कि यह देखना है कि आप कितनी जल्दी समझ लेते हैं।

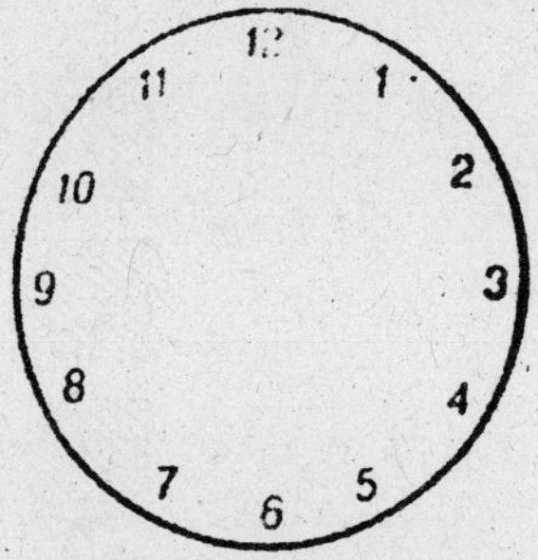

चित्र 93. इस डायल को भागों में बाँटना है।

122. अष्टकोण सितारा. चित्र 94 की आकृति में रेखाओं की कटान-बिंदुओं पर 1 से 16 तक की संख्याओं को इस प्रकार लिखना है कि हर वर्ग की हर भुजा पर संख्याओं का योग 34 हो। हर वर्ग के शीर्षों की संख्याओं का योग भी 34 होना चाहिये।

123. संख्या-चक्र. 1 से 9 तक की संख्याओं को चित्र 95 की आकृति में इस प्रकार लिखना है कि एक संख्या केंद्र में हो और अन्य संख्यायें व्यासों के किनारों पर हों। प्रत्येक कतार की तीनों संख्याओं का योग 15 होना चाहिये।

124. तिपाई. लोग कहते हैं कि तिपाई कभी भी हिलती-डुलती नहीं है, चाहे उसके पैरों की लंबाई असमान ही क्यों न हों। क्या यह सच है?

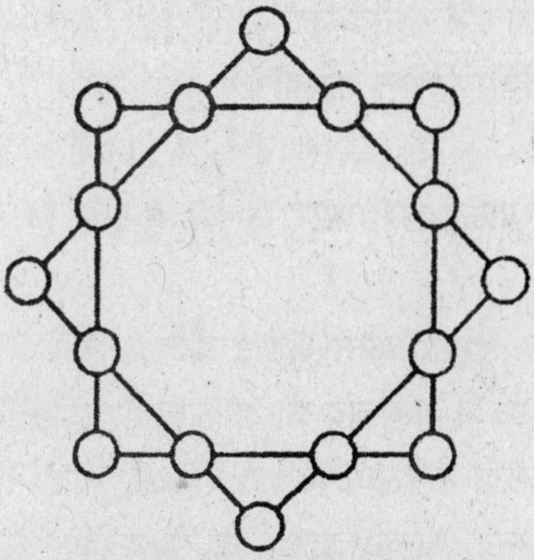

चित्र 94. अष्टकोण सितारा।

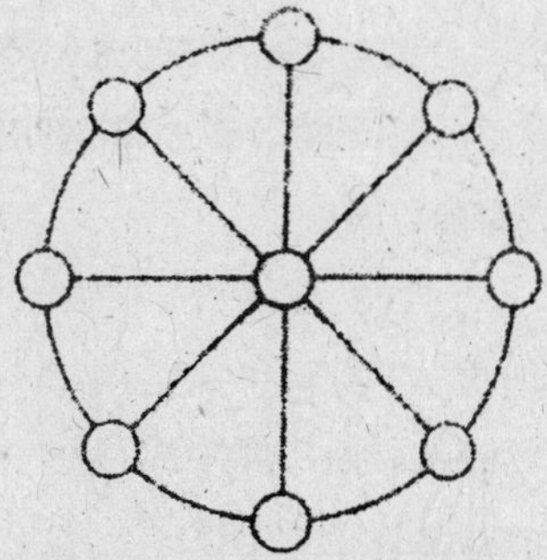

चित्र 95. संख्या-चक्र।

125. कोणों की मात्रायें. चित्र 96 की घड़ियों में सूइयों के बीच कितने डिग्री के कोण हैं? उत्तर कोण-मापी चांद की मदद से नहीं, बल्कि तर्क से देना है।

126. भूमध्यरेखा पर. यदि हम भूमध्य रेखा पर पृथ्वी के चारों ओर घूम आयें, तो तलुओं के बिंदुओं की अपेक्षा हमारे सर का शीर्ष अधिक लंबा रास्ता तय करेगा। दोनों के पथों का अंतर बतायें।

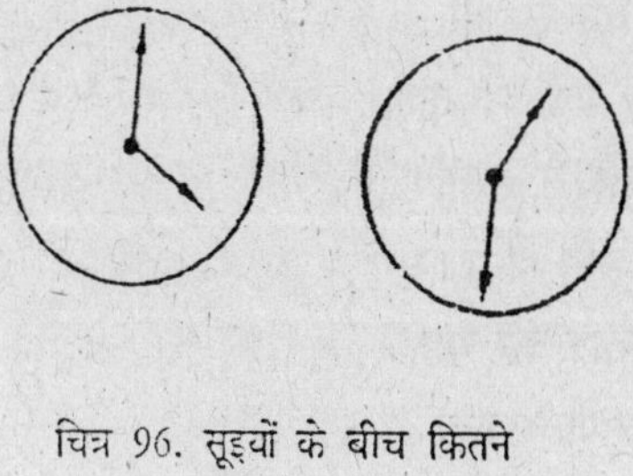

चित्र 96. सूइयों के बीच कितने डिग्री के कोण हैं?

चित्र 97. चंद्र-हसिया को सलीब में कैसे "परिणत करें?"

127. छे कतारों में. आपने शायद यह मजाकिया कहानी सुनी हो : नौ घोड़ों को दस नादों के पास इस प्रकार खड़ा किया गया कि हर नाद के

सामने एक घोड़ा खड़ा हो। अभी जो प्रश्न हम प्रस्तुत कर रहे हैं, वाह्य रूप से इस विख्यात कहानी जैसा ही है, पर इसका हल काल्पनिक नहीं, बल्कि यथार्थ है। प्रश्न इस प्रकार है :

24 व्यक्तियों को 6 कतारों में इस प्रकार खड़ा करना है कि हर कतार में 5 व्यक्ति हों।

128. क्रौस और अर्द्ध-चंद्र. चित्र 97 में अर्द्ध-चंद्र की आकृति दिखायी गयी है (सच पूछें तो यह अर्द्ध-चंद्र नहीं, बल्कि चंद्र-हसिया है, क्योंकि अर्द्ध-चंद्र अर्द्ध-वृत्त के आकार का होता है)। यह दो वृत्तों के चापों से बना है। रेड-क्रोस का एक चिह्न बनाना है, जिसका क्षेत्रफल ज्यामिति के अनुसार ठीक अर्द्ध-चंद्र के क्षेत्रफल के बराबर हो।

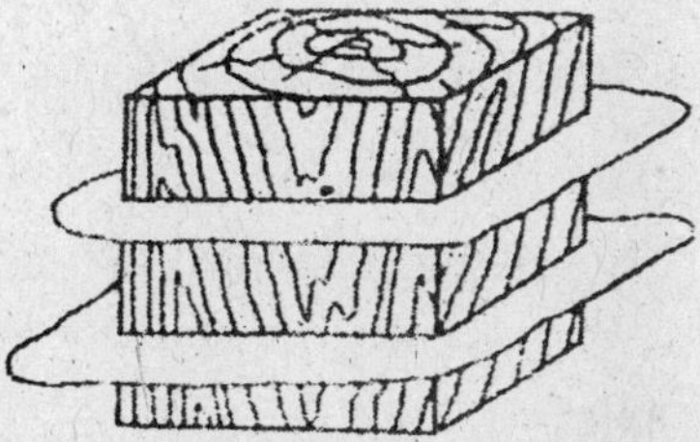

चित्र 98. किसी एक फलक के समानांतर दो समतल खींचने होंगे।...

129. घन और काट. आपके पास एक घन है, जिसका हर किनारा 3 से॰ मी॰ लंबा है। उसका आयतन 27 घन से॰ मी॰ होगा और उसे 27 नन्हे घनों में काटा जा सकता है, जिसमें से हरेक का किनारा 1 से॰ मी॰ लंबा होगा। घन को छः समतलों पर काट कर यह कार्य सरलतापूर्वक किया जा सकता है : दो समतल एक पार्श्व के समानांतर होंगे, दो दूसरे के और दो तीसरे के समानांतर होंगे। अब कल्पना कीजिये कि आपको हर काट के बाद घन के भागों को व्योम

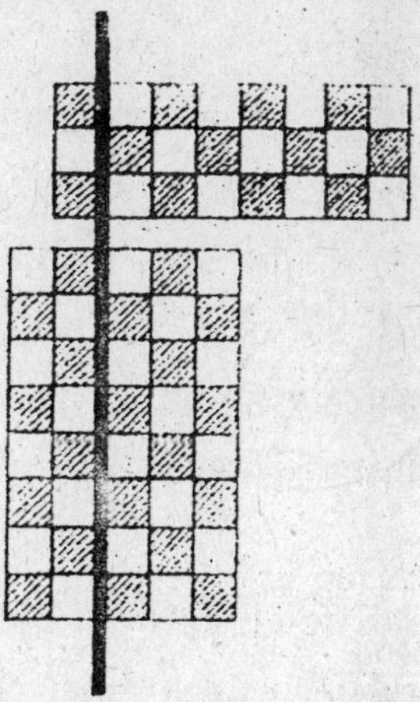

चित्र 99. अगली कटान डालने के पहले टुकड़ों को एक-दूसरे पर रख सकते हैं।

में खिसकाने की अनुमति मिल गयी है : कोई भाग काटने के बाद आप उसे दूसरे पर इस प्रकार रख सकते हैं कि उन्हें काटने वाला अगला समतल दोनों भागों से पूरा-पूरा गुजर सके। घन को 27 नन्हें घनों में काटने वाले समतलों की संख्या इस अतिरिक्त संभावना की मदद से आप कम कर सकते हैं या नहीं?

130. एक और कटान. यह प्रश्न पिछले से मिलता-जुलता है, पर कुछ भिन्न है। साधारण शतरंज-पट्ट को, जिसमें 64 नन्हे वर्ग (8 × 8) होते हैं, अलग-अलग वर्गों में काटना है। आपको सिर्फ सीधी रेखाओं पर काटने की अनुमति है। लेकिन हर कटान के बाद आप टुकड़ों को एक दूसरे पर इस प्रकार रख सकते हैं कि अगली सीधी कटान से एक नहीं, बल्कि कई टुकड़े एक साथ कट जायें। पूरे पट्टे को अलग-अलग 64 वर्गों में काटने के लिये आपको कितनी सीधी कटानें लगानी होंगी?

101—130 पहेलियों के उत्तर

101. यह काम सिर्फ तीन कड़ियों को खोल कर किया जा सकता है। इसके लिये एक टुकड़ी की तीनों कड़ियों को खोल कर उनसे अन्य टुकड़ियों के सिरों को मिलाना होगा।

102. इस प्रश्न को हल करने के लिये आपको जीव-विज्ञान की कुछ बातें याद करनी होंगी : मुंगरे के 6 पैर होते हैं और मकड़े के 8।

यह ज्ञात करने के बाद मान लें कि डिब्बी में सिर्फ 8 मुंगरे हैं। सभी पैरों की संख्या 6 × 8 = 48 होंगी। प्रश्न की शर्त के अनुसार यह 6 कम है। अब एक मुंगरे को हटा कर उसकी जगह एक मकड़े को रख दें। इससे पैरों की संख्या पहले से दो अधिक हो जायेगी, क्योंकि मकड़े के छः नहीं, बल्कि 8 पैर होते हैं।

स्पष्ट है कि यदि इस प्रकार दो और मुंगरों को बदल दिया जाये, तो हम पैरों की कुल संख्या 54 तक बढ़ा सकते हैं। इस हालत में 8 मुंगरों में से सिर्फ 5 बच जायेंगे और बाकी मकड़े होंगे।

अतः डिब्बी में 5 मुंगरे और 3 मकड़े थे।

उत्तर जाँचा जाय : 5 मुंगरों के 30 पैर हुए और 3 मकड़ों के 24 पैर। कुल होते हैं 30 + 24 = 54, जो प्रश्न की शर्त को पूरा करता है।

इस प्रश्न को दूसरे तरीके से भी हल किया जा सकता है। मान लें कि डिब्बी में सिर्फ मकड़े हैं; उनकी संख्या 8 है। पैरों की कुल संख्या 8 × 8 = 64 होगी। यह प्रश्न की शर्त में बतायी गयी संख्या से 10 अधिक है। एक मकड़े को हटा कर उसकी जगह एक मुंगरे को रखने पर पैरों की संख्या 2 कम हो जायेगी। अतः पाँच मकड़ों को हटा कर उनकी जगह पाँच मुंगरे रखने चाहिये, ताकि पैरों की संख्या घट कर 54 हो जाये। दूसरे शब्दों में, 8 मकड़ों में से सिर्फ 3 रहने दें और बाकी को मुंगरों से बदल दें।

103. यदि बरसाती, टोप और जूतों की जगह सिर्फ दो जोड़े जूते खरीदे गये होते, तो 20 रूबल नहीं, बल्कि कुछ कम रूबल देने पड़ते—उतना कम, जितना जूते सस्ते हैं बरसाती और टोप से, अर्थात 16 रूबल देने पड़ेंगे। इससे ज्ञात होता है कि दो जोड़े जूतों की कीमत 20 – 16 = 4 रूबल है। अतः एक जोड़े जूते की कीमत 2 रूबल है।

अब स्पष्ट है कि बरसाती और टेप की सम्मिलित कीमत 20 - 2 = 18 रूबल है। पर बरसाती टोप से 9 रूबल अधिक महंगा है। पहले के विचार-क्रम का अनुसरण करें : बरसाती और टोप की बजाय दो टोप खरीदें। इसके लिए हम 18 रूबल नहीं बल्कि 9 रूबल कम खर्च करेंगे। अतः दो टोपों की कीमत 18 – 9 = 9 रूबल है; एक टोप की कीमत 4 रूबल 50 कोपेक हुई।

इस प्रकार, वस्तुओं की कीमत निम्न है : जूते—2 रूबल, टोप—4 रूबल 50 कोपेक, बरसाती—13 रूबल 50 कोपेक।

104. दुकानदार 29 अंडों वाली टोकरी के बारे में सोच रहा था। 23, 12 और 5 अंडों वाली टोकरियों में मुर्गियों के अंडे थे और बत्तखों के अंडे—14 और 6 अंडों वाली टोकरियों में।

उत्तर जाँचें। मुर्गियों के कुल अंडे बचते हैं :

$$23 + 12 + 5 = 40$$

और बत्तखों के

$$14 + 6 = 20$$

बत्तखों के अंडों से मुर्गियों के अंडे दुगुने हैं, जो शर्त के अनुसार है।

105. इस प्रश्न में समझाने के लिये कुछ भी नहीं बचता है : हवाई जहाज को आने और जाने में एक ही समय लगता है, क्योंकि 80 मिनट = 1 घ॰ 20 मि॰।

प्रश्न अन्य-मनस्क पाठक के लिये है जो सोचता है कि 1 घ. 20 मि. और 80 मि. के बीच कोई फर्क है। आश्चर्यजनक बात है कि इस फंदे में बहुत से लोग फँस जाते हैं, और उनमें अधिकतर लोग ऐसे होते हैं, जिन्हें जोड़-घटाव करने की आदत अधिक है। इसका कारण यह है कि लोग मुद्रा-इकाइयों और माप की दशमलव-प्रणाली के आदी हो गये हैं। हम जाने-अनजाने उनकी तुलना 1 रूबल 20 कोपेक और 80 कोपेक के साथ करने लगते हैं। प्रश्न इसी मनोवैज्ञानिक भूल पर आधारित है।

106. इस चक्कर का रहस्य यह है कि दो पिताओं में से एक पुत्र है दूसरे का। कुल मिला कर चार नहीं, बल्कि सिर्फ तीन व्यक्ति हैं : पितामह, पिता और पौत्र। पितामह अपने पुत्र को 150 रूबल देता है और वह पौत्र को (अर्थात अपने पुत्र को) 100 रूबल देता है और इस प्रकार उसकी पूंजी में सिर्फ 50 रूबल की वृद्धि होती है।

107. पहली गोटी को तख्त के 64 घरों में से किसी में रखा जा सकता है अर्थात 64 विधियों से रखा जा सकता है। उसे रख लेने के बाद दूसरी गोटी को बाकी 64 घरों में से किसी में रखा जा सकता है। इसका अर्थ है कि पहली गोटी की प्रत्येक स्थिति के साथ दूसरी की 63 स्थितियाँ संलग्न की जा सकती हैं। अतः ड्राफ्ट-बोर्ड पर दोनों गोटियों की भिन्न स्थितियों की कुल संख्या

$$64 \times 63 = 4032 \text{ है।}$$

108. दो अंकों की सहायता से, जैसा कुछ पाठक शायद सोचते होंगे, सबसे छोटी संख्या 10 नहीं, बल्कि इकाई लिखी जा सकती है। उसे इस प्रकार व्यक्त कर सकते हैं :

$$\frac{1}{1}, \frac{2}{2}, \frac{3}{3}, \frac{4}{4} \text{ आदि } \frac{9}{9} \text{ तक।}$$

बीज-गणित से परिचित लोग इसमें निम्न व्यंजनों की कतार जोड़ सकते हैं :

$1^\circ, 2^\circ, 3^\circ, 4^\circ$ आदि 9° तक,

क्योंकि शून्य घात की कोई भी संख्या इकाई के बराबर होती है।*

109. इकाई को दो भिन्नों के योग के रूप में व्यक्त करना चाहिये :

$$\frac{148}{296}+\frac{35}{70}=1.$$

बीज-गणित जानने वाले दूसरे तरह से भी उत्तर दे सकते हैं :

$$123456789^\circ; \qquad 234567^{9-8-1}$$

आदि, क्योंकि शून्य घात की संख्या एक के बराबर होती है।

110. दो विधियाँ निम्न हैं :

$$9\frac{99}{99}=10,$$

$$\frac{99}{9}-\frac{9}{9}=10.$$

बीज-गणित जानने वाले अन्य उत्तर भी दे सकते हैं, जैसे :

$$\left(9\frac{9}{9}\right)^{\frac{9}{9}}=10,$$

$$9+99^{9-9}=19.$$

111. 4 हल दिये जा रहे हैं :

$$70+24\frac{9}{18}+5\frac{3}{6}=100;$$

$$80\frac{27}{54}+19\frac{3}{6}=100;$$

$$87+9\frac{4}{5}+3\frac{12}{60}=100,$$

$$50\frac{1}{2}+49\frac{38}{76}=100.$$

---

* $\frac{0}{0}$ या 0° सही हल नहीं हैं, क्योंकि ये व्यंजन निरर्थक हैं।

112. पाँच एक तरह के अंकों की मदद से संख्या 100 को एक, तीन और पाँच (आखिरी सबसे सरल होगा) का व्यवहार कर के लिख सकते हैं :

$111 - 11 = 100;$

$33 \times 3 + \frac{3}{3} = 100;$

$5 \times 5 \times 5 - 5 \times 5 = 100;$

$(5 + 5 + 5 + 5) \times 5 = 100.$

113. अक्सर उत्तर देते हैं : 1111। पर इससे कई गुनी बड़ी संख्या लिखी जा सकती है—11 का ग्यारहवाँ घात : 11^{11}। यदि धीरज हो, तो यह परिकलन पूरा करें (लघुगणकों की सहायता से ऐसे गुणन शीघ्र संपन्न किये जा सकते हैं)। आपको विश्वास हो जायेगा कि यह 280 बिलियन से भी बड़ी संख्या है। अतः यह 1111 से 250 मिलियन गुना अधिक है।

114. भाग का यह उदाहरण निम्न चार विभिन्न स्थितियों के अनुरूप है :

1 337 174 : 943 = 1 418;

1 343 784 : 949 = 1 416;

1 200 474 : 846 = 1 419;

1 202 464 : 848 = 1 418.

115. इस प्रश्न को विभाजन का सिर्फ एक उदाहरण संतुष्ट कर सकता है :

7 375 428 413 : 125 473 = 58 781

अंतिम दोनों प्रश्न काफी कठिन हैं। उनका प्रथम प्रकाशन अमेरिकन पत्र-पत्रिकाओं में हुआ था : "गणित-समाचार", 1920 ई॰ और "स्कूली दुनिया", 1906 ई॰ में।

116. एक वर्ग मीटर में एक हजार वर्ग मिलीमीटर होते हैं। प्रत्येक हजार वर्गों को (जिनका आकार मिलीमीटर है) सटा-सटा कर रखने पर 1 मीटर लंबा फीता मिलेगा। एक हजार ऐसे फीतों की लंबाई 1000 मीटर, अर्थात 1 कि॰ मी॰ होगी।

117. उत्तर से आप ठगे रह जायेंगे : स्तंभ की ऊँचाई 1000 कि॰ मी॰ होगी।

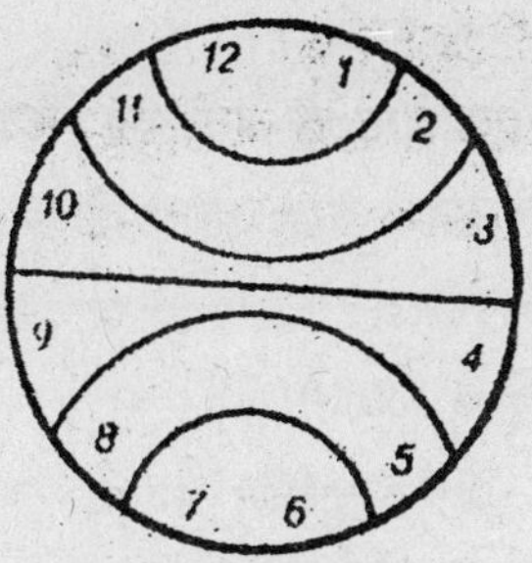

चित्र 101

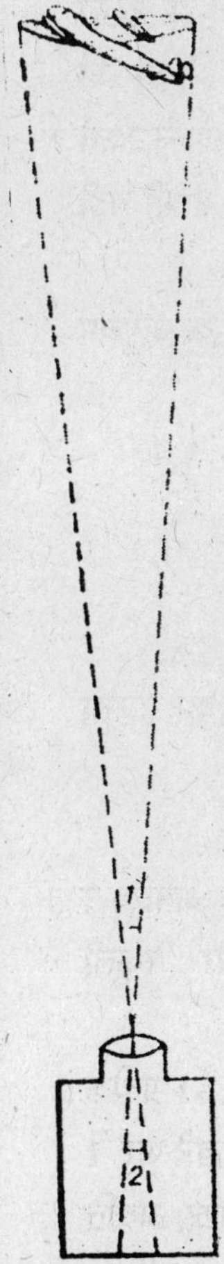

चित्र 100

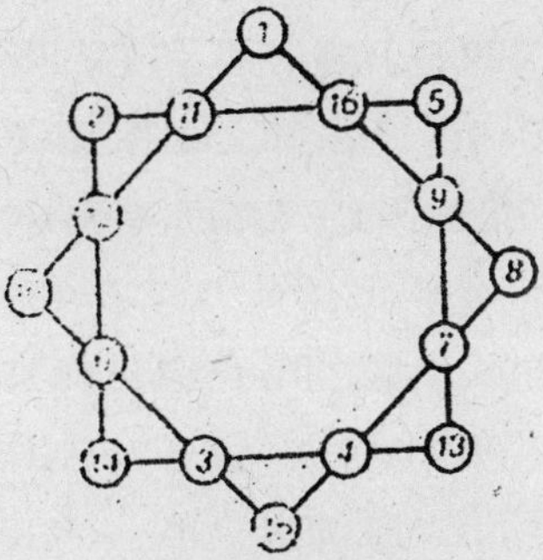

चित्र 102

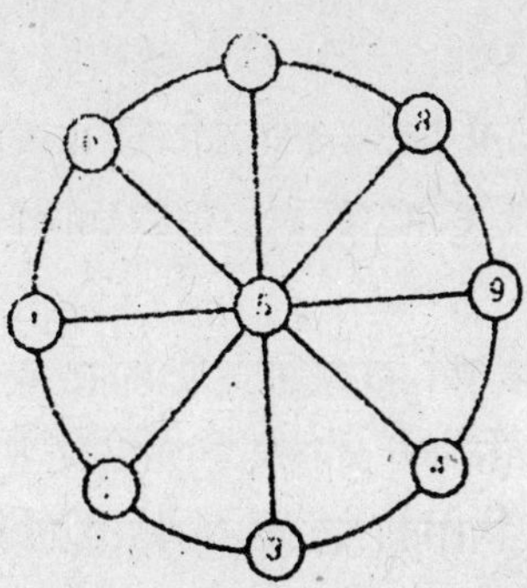

चित्र 103

मुजबानी हिसाब करें। एक घन मीटर में हजार × हजार × हजार घन होंगे, जिनका आकार एक मिलिमीटर है। ऐसे एक हजार घनों को एक के ऊपर एक रखने से 1000 मि. मी. अर्थात 1 मीटर ऊँचा स्तंभ प्राप्त होगा। पर हमारे पास ऐसे घनों की संख्या एक हजार से हजार × हजार गुना अधिक है। अतः स्तंभ की ऊँचाई 1000 000 मीटर, अर्थात 1000 कि. मी. होगी।

118. चित्र 100 से स्पष्ट है कि (कोण 1 और 2 की तुल्यता से) वस्तु के रैखिक आकार और उसके तदनुरूप चित्र के रैखिक आकारों का वही अनुपात होगा, जो वीक्ष से वस्तु की दूरी और कैमरे की गहराई का अनुपात है। प्रश्न में हवाई जहाज की ऊँचाई को x मीटर मान कर हम निम्न अनुपात प्राप्त करते हैं :

$$12\,000 : 8 = x : 0.12$$

यहाँ से $x = 180$ मी..

119. 89.4 को एक मिलियन, अर्थात एक हजार सें गुणा करना चाहिये। गुणा दो चरणों में करेंगे : 89.4 ग्राम × 1000 = 89.4 कि. ग्रा., क्योंकि एक किलोग्राम एक ग्राम से हजार गुना अधिक होता है। तब और गुणा करें : 89.4 कि. ग्रा. × 1000 = 89.4 टन, क्योंकि एक टन एक किलोग्राम से हजार गुना अधिक होता है।

अतः इष्ट वजन है : 89.4 टन।

120. A से B तक पहुँचने के लिये सारे पथों की संख्या 70 होगी। (इस प्रश्न का सुडौल हल संचय-सिद्धांत से मिल सकता है, जिसका अध्ययन बीज-गणित में किया जाता है।)

121. चूंकि डायल पर की सभी संख्याओं का योग 78 के बराबर है, उसके छः भागों में से प्रत्येक में संख्याओं का योग 78 : 6 = 13 होना चाहिये। यह ज्ञात कर लेने पर हल सरल हो जाता है, जो चित्र 101 में दिखाया गया है।

122—123. इनके हल क्रमशः चित्र 102 तथा 103 में दिखाये गये हैं।

124. तिपाई के तीनों पैर हर हालत में जमीन छूते हैं, क्योंकि व्योम

में स्थित किन्हीं तीन बिन्दुओं से एक समतल गुजर सकता है और वह एकमात्र होता है। तिपाई के नहीं हिलने-डुलने का कारण यही है। जैसा आप देखते हैं, कारण शुद्ध ज्यामितीय है, भौतिकीय नहीं।

इसीलिये सरल उपकरणों और फोटो-कैमरों के लिये त्रिपादों का उपयोग करना अधिक सुलभ है। चौथा पैर उपकरण को और स्थिर नहीं बना सकता। इसके विपरीत, हरबार कुछ न कुछ करना पड़ता, ताकि उपकरण हिले-डुले नहीं।

125. प्रश्न का उत्तर देना सरल होगा, यदि समझ में आ जाये कि घड़ी की सूइयाँ कौन-सा समय दिखा रही हैं। बायें वृत्त में (चित्र 96) वे स्पष्टतः 7 बजे का समय दिखा रही हैं। अतः सूइयों के सिरों के बीच का चाप पूर्ण परिधि का $\frac{5}{12}$-वाँ भाग है। डिग्रियों में यह होगा :

$$360° \times \frac{5}{12} = 150°.$$

समझना कठिन नहीं है कि दायें वृत्त में सूइयाँ साढ़े नौ का समय दिखा रही हैं। उनके सिरों के बीच का चाप पूर्ण परिधि के बारहवें भाग का 3½ भाग, अर्थात $\frac{7}{24}$ भाग है।

डिग्रियों में यह होगा

$$360° \times \frac{7}{24} = 105°.$$

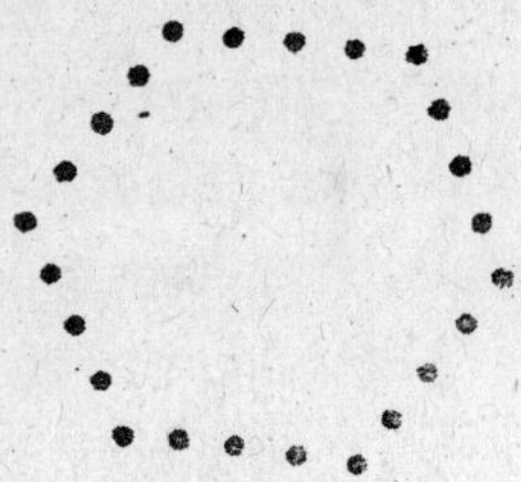

चित्र 104

126. आदमी का कद 175 से॰ मी॰ और पृथ्वी की त्रिज्या R मान कर पथों का अंतर ज्ञात करें :

$2 \times 3.14 \times (R + 175) - 2 \times 3.14 \times R = 2 \times 3.14 \times 175 = 1100$ से॰ मी॰ अर्थात सिर्फ 11 मीटर। सबसे आश्चर्य की बात यह है कि उत्तर गोले की त्रिज्या पर निर्भर नहीं करता। वह एक नन्हे गोले और विराट सूर्य पर भी इतना ही होगा।

127. प्रश्न की शर्त्त सरलतापूर्वक पूरी हो सकती है, यदि लोगों को षटकोण के आकार में खड़ा किया जाये (चित्र 104).

128. जिन पाठकों ने वृत्तीय वर्ग जैसे हलातीत प्रश्न* के बारे में सुना होगा, शायद इस प्रश्न को भी ज्यामितीय विधियों से हलातीत मान लेंगे। यदि पूर्ण वृत्त को बराबर क्षेत्रफल वाले वर्ग में परिवर्तित नहीं किया जा सकता, बहुत से लोग सोचते हैं, तो दो वृत्त-चापों से बनी चंद्राकार आकृति को भी समकोण आकृति में नहीं बदला जा सकता है।

पर यह प्रश्न बेशक ज्यामितीय बनावटों से हल हो सकता है, यदि हम पिथागोरस प्रमेय के एक मनोरंजक उपप्रमेय का उपयोग करें। जिस उपप्रमेय की बात मैं कर रहा हूँ, वह इस प्रकार है : समकोण त्रिभुज में परस्पर लंब भुजाओं पर बने अर्द्ध-वृत्तों के क्षेत्रफलों का योग कर्ण पर बने अर्द्ध-वृत्त के क्षेत्रफल के बराबर होता है (चित्र 105)। बड़े अर्द्ध-वृत्त को दूसरी तरफ पलट कर (चित्र 106) हम देखते हैं कि दोनों पंक्तिदार चंद्रों के क्षेत्रफल मिल कर त्रिभुज के क्षेत्रफल के बराबर हैं।** यदि त्रिभुज समद्विबाहु हो, तो प्रत्येक चंद्र का क्षेत्रफल त्रिभुज के क्षेत्रफल से आधा होगा (चित्र 107)।

इससे निष्कर्ष निकलता है कि ज्यामितीय विधियों से एक समद्विबाहु समकोण त्रिभुज बनाया जा सकता है, जिसका क्षेत्रफल सही-सही चंद्राकृति के क्षेत्रफल के बराबर हो।

और चूंकि समद्विबाहु समकोण त्रिभुज बराबर क्षेत्रफल वाले वर्ग में परिवर्तित किया जा सकता है (चित्र 108), हमारी चंद्राकृति भी शुद्ध ज्यामितीय बनावट द्वारा बराबर क्षेत्र वाले वर्ग में बदली जा सकती है।

अब रह जाता है इस वर्ग को रेड-क्रौस के चिह्न में परिवर्तित करना (रेड-क्रौस का चिह्न पाँच बराबर वर्गों को आपस में सटा कर बनाते हैं)।

---

* प्रश्न है : दिये गये वृत्त के बराबर क्षेत्रफल वाले वर्ग को शुद्ध ज्यामितीय विधियों से, अर्थात पेंसिलों, एक परकाल और एक स्केल की मदद से बनाना। इस प्रश्न का हल संभव नहीं है। —अनु.

** ज्यामिति में यह स्थिति "हाइपोक्रैट के चंद्र" नामक प्रमेय से प्रसिद्ध है।

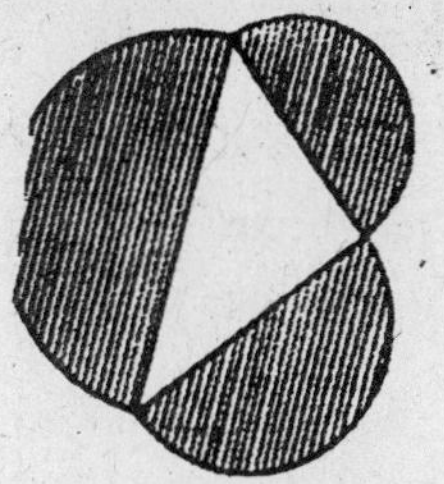

चित्र 105

चित्र 106

चित्र 107

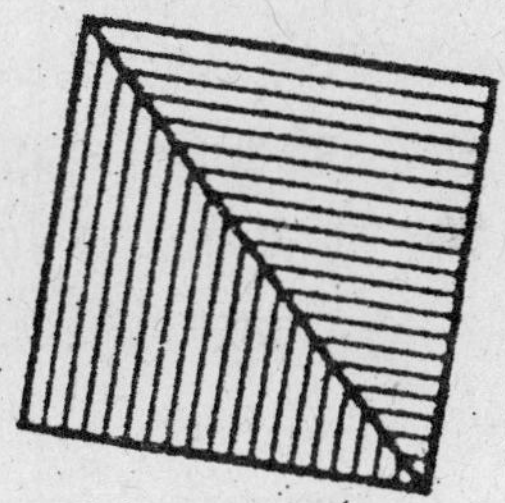

चित्र 108

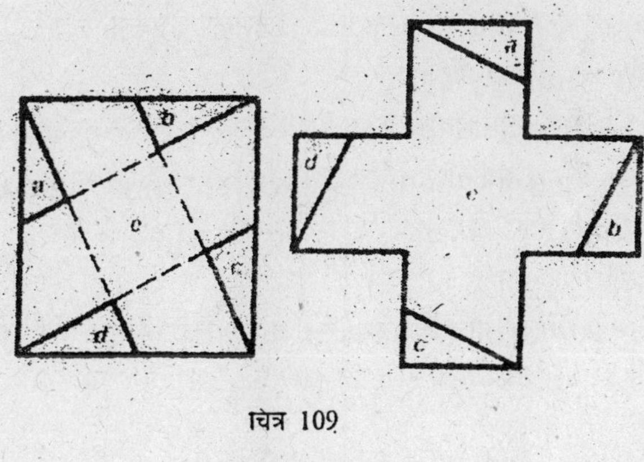

चित्र 109

इस बनावट की कई विधियाँ हैं। इनमें से दो चित्र 109 तथा 110 में प्रदर्शित हैं। दोनों ही बनावट वर्ग के शीर्षों को सामने की भुजाओं की **मध्य-बिंदुओं से मिला कर शुरू करते हैं।**

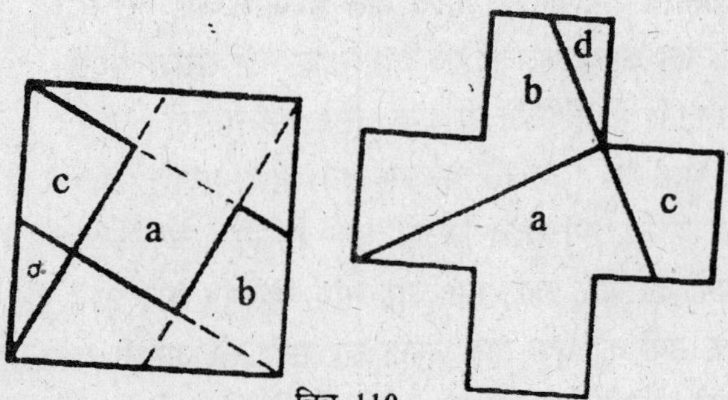

चित्र 110

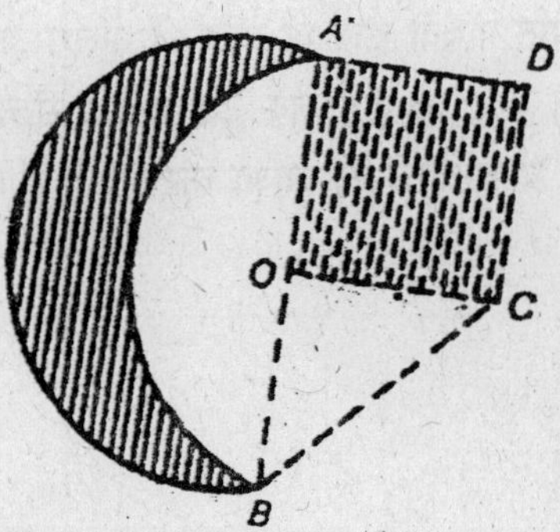

चित्र 111

एक महत्वपूर्ण बात : बराबर क्षेत्र वाले रेड-क्रौस का चिह्न सिर्फ उसी चंद्राकृति से बन सकता है, जो दो वृत्त-चापों से बनी हो : बाह्य वृत्त-चाप अर्द्ध-वृत्त होना चाहिये और आंतरिक वृत्त-चाप तदनुरूप बड़ी त्रिज्या वाले वृत्त की परिधि का चौथाई होना चाहिये।*

इस प्रकार, बनावट निम्न प्रकार से संपन्न करते हैं। हसिये के सिरों A और B (चित्र 111) को मिला देते हैं; इस सरल रेखा की मध्य-बिंदु, O पर लंब OC = OA डालते हैं। समद्विबाहु त्रिभुज OAC को बढ़ा कर OADC वर्ग बनाते हैं, जिसे चित्र 109 और 110 में दिखायी विधियों से रेड-क्रौस के चिह्न में परिवर्तित करते हैं।

129. बतायी गयी अतिरिक्त संभावना से समस्या आसान नहीं होती : छः से कम कर्तक (काटने वाले) समतल नहीं हो सकते। बड़े घन के 27 में

* आकाश में दिखने वाले चंद्र-हासिये का आकार कुछ भिन्न होता है : उसका बाह्य चाप अर्द्धवृत्त होता है और आंतरिक अर्द्ध-दीर्घवृत्त होता है। चित्रकार अक्सर चंद्र-हसिया सही नहीं बनाते। वे उसे दो वृत्त-चापों से बना हुआ दिखाते हैं।

से प्रत्येक आंतरिक घन के छः पार्श्व होते हैं और कोई भी कर्तक समतल इस आंतरिक घन के दो फलकों को एक साथ नहीं तराश सकता, चाहे हम टुकड़ों को जितनी भी विधियों से एक दूसरे पर न रखें।

130. पहले देखें कि काटों की न्यूनतम संख्या क्या हो सकती है। यदि हम एक बार काटेंगे, हमें तख्त के दो भाग मिलेंगे। अगली काट से, यदि वह दोनों भागों को काट सके, हमें चार भाग मिलेंगे। यदि उन्हें इस प्रकार रखा जाये कि सबों को एक साथ काटा जा सके, तो अगली काट से आठ भाग प्राप्त होंगे। चौथी काट के बाद 16 टुकड़े मिलेंगे (यदि वह पिछले सभी टुकड़ों को एक साथ काट सके) और पाँचवीं काट के बाद 32 टुकड़े प्राप्त होंगे। अर्थात पाँचवी काट के बाद 64 अलग-अलग वर्ग नहीं प्राप्त हो सकते। सिर्फ छठी काट के बाद जब टुकड़ों की संख्या दुगुनी हो जायेगी, हम 64 पृथक वर्ग प्राप्त करने की आशा कर सकते हैं। मतलब कि छः काटों से कम में काम नहीं चलेगा।

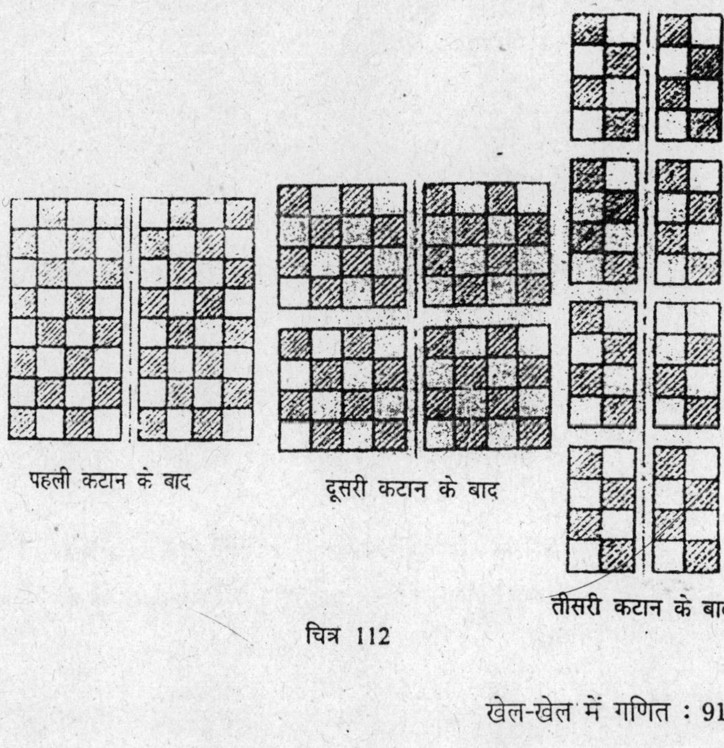

चित्र 112

अब यह दिखा देना है, कि छः काटों से सचमुच में टुकड़ों की संख्या दुगुनी हो जायेगी और परिणामस्वरूप $2^6 = 64$ पृथक वर्ग प्राप्त होंगे। यह कठिन नहीं है : इसके लिये निरंतर यह ध्यान रखना होगा कि हर काट के बाद बराबर आकार के टुकड़े मिलें और हर अगली काट प्रत्येक टुकड़े को आधा कर दे। चित्र 112 में तीन काटें दिखायी गयी है।

●●●

भाष्कर की शब्दावली

आजकल पारिभाषिक शब्दावली के क्षेत्र में बड़ी अराजकता फैली हुई है। अभी तक शब्दावली का प्रमापीकरण (स्टैंडर्डाइज़ेशन) नहीं हुआ है, अतः अधिकांश लेखक जब कोई पुस्तक लिखने बैठते हैं, तो मनमाने पारिभाषिक शब्द गढ़ लेते हैं। 'आक्सीजन' शब्द ही लीजिए। इसके लिए कुछ लेखकों ने 'अक्सजन' शब्द बना लिया है केवल अंग्रेज़ी के शब्द के ध्वनि सादृश्य के कारण। कुछ अन्य लेखक इसके स्थान पर 'ओषजन' और कुछ 'प्राण वायु' लिखते हैं। आज तक देश में इस ढंग की कोई आधिकारिक संस्था नहीं बनी जो विचारपूर्वक इन शब्दों का अध्ययन करे, और इनमें से जो सबसे उपयुक्त हों वह जनता के सम्मुख रखे। इस दिशा में 'सरस्वती विहार' का कार्य प्रशंसनीय और स्तुत्य है, परंतु यह संस्था अभी तक केवल रसायन की ही शब्दावली बना पाई है।

यह प्रवृत्ति बहुत से लेखकों में पाई जाती है कि अंग्रेज़ी के शब्दों को ही तोड़ मरोड़ कर किसी प्रकार उनका हिंदी पर्याय बना लिया जाए। एक लेखक ने अंग्रेज़ी शब्द 'केबिल' का पर्याय बनाया है 'कईबल' (वह वस्तु जिसमें कई बल अर्थात् लपेट पड़े हुए हों)। एक लेखक ने 'ऐमोनियम' का पर्याय बनाया है 'आम'। इसी प्रकार का एक पर्याय है 'नेत्रजन' 'नाइट्रोजन' के लिए । भला इस प्रकार भी कहीं शब्दावली बना करती है। शब्दावली बनाने के लिए तो एक नियमित पद्धति होनी चाहिए और इसका प्रयत्न सामूहिक रूप से होना चाहिए। भिन्न-भिन्न लेखकों को यह स्वतंत्रता नहीं होनी चाहिए कि मनमाने शब्द बनाते चले जाएँ।

वैज्ञानिक शब्दावली के संबंध में सबसे पहली बात मस्तिष्क में यह आती है कि प्राचीन हिंदू विज्ञान की समस्त पुस्तकों का अवलोकन किया जाए और उनमें से सारे पारिभाषिक शब्द एकत्र किए जाएँ। उनमें से जितने शब्द ऐसे हों जो आधुनिक बहुल शब्दावली की आवश्यकताओं को पूरा कर

सकें उन्हें ज्यों का त्यों अपना लिया जाए। इसमें संदेह नहीं कि आधुनिक वैज्ञानिक विषयों के बहुत थोड़े पारिभाषिक शब्दों के पर्याय प्राचीन पुस्तकों में मिल सकेंगे, परंतु चाहे इन शब्दों की प्रतिशतता बहुत ही कम हो, फिर भी यह परिश्रम करने ही योग्य है। इन पंक्तियों के लेखक का अब तक यह विचार था कि गणित की प्राचीन पुस्तकों में जितने उपयुक्त पारिभाषिक शब्द थे सबका संकलन नागरी प्रचारिणी सभा की 'गणितीय शब्दावली' में हो चुका है। परंतु जब प्राचीन ग्रंथों को फिर एक बार देखने का अवसर मिला तो पता चला कि अभी बहुत से शब्द अछूते रह गए हैं। इन लेखों का एक मात्र उद्देश्य यही है कि गणित के प्राचीन ग्रंथों में से खोज-खोज कर पुराने शब्द निकाले जाएँ।

इस लेख में भष्कर की प्रसिद्ध पुस्तक 'बीजगणितम्' के कुछ पारिभाषिक शब्द दिए जाते हैं, जिनपर कदाचित अभी तक गणित के विद्वानों का ध्यान नहीं गया है।

बीजगणित में दो प्रकार की संख्याएँ होती हैं; 'अंकगणितीय' और 'बीजीय'। इन्हें अंग्रेज़ी में अरिथमेटिकल और अलजबरिकल नंबर कहते हैं। व्यंजक

5 क + 6 य–3

में क और य बीजीय संख्याएँ हैं और 5, 6, 3 अंकगणितीय संख्याएँ। इन्हें प्राचीन हिंदू गणित में क्रमशः 'वर्ण' और 'रूप' कहते थे। इस व्यंजक में दो व्यंजक हैं और तीन रूप।

यदि किसी व्यंजक के समस्त पदों में एक ही वर्ण हों तो उन्हें 'सजातीय पद' कहते थे जैसे–

5 ग–3 ग + 7 ग

में तीन पद हैं जो सजातीय हैं, परंतु व्यंजक

5 ग–3 घ + 7 ग

में पहले और तीसरे पद 'सजातीय' हैं; किंतु दूसरा पद 'विजातीय' । इस पूरे व्यंजक को 'मिश्रित मान' कहेंगे।

हमारे प्राचीन ग्रंथों की शब्दावली बहुत ही विकसित थी। उनमें कुछ पारिभाषिक शब्द तो ऐसे थे जिनके लिए अंग्रेज़ी में भी स्वतंत्र शब्द बनाने

की आज तक आवश्यकता नहीं समझी गई। इनमें कुछ शब्द तो बहुत ही सरल और सुंदर होते थे। यदि हम 'क' को 'क' से गुणा करें तो गुणनफल 'क वर्ग' कहलायेगा। इसी प्रकार क×कd×क अर्थात् क^3 को 'क घन' कहेंगे। इन भावों के लिए तो अंग्रेज़ी में भी शब्द विद्यमान हैं 'क स्क्वेयर्ड' और 'क क्यूब्ड'। परंतु यदि हम दो विजातीय पदों क और ख का गुणन करें तो गुणनफल 'भावित' कहलाता है। अतः 5 क ख अथवा 7 य र ल 'भावित' हैं। गुणन चिह्न को 'भा' कहते हैं अतएव

$$7 \times 5$$

को पढ़ेंगे 7 भा 5। अंग्रेज़ी में इसको कहते हैं 7 इनटू 5। 'भा' का पर्याय 'इनटू' है, परंतु 'भावित' का अंग्रेज़ी में कोई पर्याय नहीं है।

यदि क को ख से भाग दें और शेष कुछ न बचे तो कहते हैं कि 'संख्या क शुद्ध हो गई।' परंतु यदि कुछ शेष बच रहे तो उसे अपूर्ण भाग कहते हैं। संख्या 42 सात से भाग देने से शुद्ध हो जाती है परंतु 11 से भाग देने से भाग अपूर्ण रहता है।

दो करणियों के जोड़ने और घटाने की विधि भाष्कर ने इस प्रकार दी है।

मान लो कि $\sqrt{32}$ और $\sqrt{2}$ का योग और अंतर निकालना है।

इन संख्याओं को क 32 और क 2 लिखा जाता था (क=करणी)।

इनको साधारण संख्याओं की भाँति जोड़ने से क 34 आया।

इस संख्या क 34 अर्थात् $\sqrt{34}$ को महती संज्ञा कहेंगे।

और दोनों निर्दिष्ट संख्याओं के गुणन से क 64 अर्थात् $\sqrt{64}$ अर्थात् 8 प्राप्त हुआ।

इस संख्या के दुगुने के मूल को लघु संज्ञा कहेंगे।

अतः इस उदाहरण में लघु संज्ञा हुई $\sqrt{16}$

और महती संज्ञा क 34 और लघु संज्ञा क 16 को साधारण संख्याओं की भाँति जोड़ने से क 50 आया।

यही निर्दिष्ट संख्याओं का योग हुआ।

अर्थात् $\sqrt{32} + \sqrt{2} = \sqrt{50}$ ।

और महती संज्ञा से लघु संज्ञा घटाने से क 18 प्राप्त हुआ। यही निर्दिष्ट संख्याओं का अंतर हुआ।

अर्थात् $\sqrt{32} - \sqrt{2} = \sqrt{18}$ ।

इस विधि की उपपत्ति बहुत सरल है। स्पष्ट है कि यह विधि निम्नलिखित एकात्म्यों पर निर्भर है।

$$\sqrt{\text{क}} + \sqrt{\text{ख}} = \sqrt{\text{क} + \text{ख} + 2\sqrt{\text{कख}}}$$

$$\sqrt{\text{क}} - \sqrt{\text{ख}} = \sqrt{\text{क} + \text{ख} - 2\sqrt{\text{कख}}}$$

अब मान लो कि दो संख्याओं का लघुतम समापवर्त्य निकालना है। तो विधि इस प्रकार होगी।

```
भाजक  भाज्य  लब्धि
   39)  90  (2
        78
        12) 39  (3
            36
             3)  12  (4
                 12
                 0
```

अब यदि इन लब्धियों और शून्य को ऊपर नीचे एक ऊर्ध्व रेखा में रखें तो इस प्रकार का संख्या कुलक प्राप्त होगा।

2
3
4
0

इस संख्या कुलक को वल्ली कहते हैं।

इस वल्ली में संख्याओं की संख्या 4 है जो एक सम संख्या है। अतः इसे सम वल्ली कहेंगे।

यदि संख्याएँ 77 और 295 की जाएँ तो विधा इस प्रकार की होगी–

```
भाजक  भाज्य  लब्धि
    77) 285 (3
        231
        54) 77· (1
             54
             23) 54 (2
                 46
                 8) 23  (2
                    16
                    7)  8   (1
                        7
                        1)  7   (7
                            7
                            0
```

इनकी वल्ली इस प्रकार की होगी।

```
3
1
2
2
1
7
0
```

इसमें 7 संख्याएँ हैं, अतः इसे विषम वल्ली कहेंगे।

प्राचीन हिंदू गणित में कुट्टक के अध्याय में वल्ली का बहुत प्रयोग होता था।

कुछ अन्य पारिभाषिक शब्दों का अर्थ समझाने के लिए एक प्रक्रिया का उल्लेख करना होगा।

भाष्कराचार्य अपनी पुस्तक 'बीजगणित' के 'वर्ग प्रकृति' अध्याय के आरंभ में यह श्लोक देते हैं–

इष्टं ह्रस्वं तस्य वर्गः प्रकृत्या क्षणो युक्तो वर्जितो वा सयेन।
मूलं दद्यात्दोपकं तं धनर्णं, मूलं तच्च ज्येष्ट मूलं वदन्ति।

श्री 'विशुद्धानन्द गौड़' ने इसका अनुवाद इस प्रकार किया है–

'पहले किसी एक राशि की इष्ट कल्पना करो। फिर उसका वर्ग करो। फिर उसे प्रकृति से गुणा करो। प्रकृति से गुणा हुआ वह जिस अंक से युक्त अथवा ऊन करने पर मूल पद हो जाय उस अंक को क्रम से धन और ऋण करो। फिर मूल लो। उस अंक को धन और ऋण क्षेपक कहते हैं और मूल को ज्येष्ठ मूल कहते हैं। पहले जिस राशि की इष्ट कल्पना किया है, उसको ह्रस्व लघु तथा कनिष्ठ भी कहते हैं।

इसका अर्थ एक उदाहरण से स्पष्ट हो जाएगा–

उदाहरण–वह कौन सा वर्ग है जिसको 5 से गुणा करें और गुणन फल में 4 जोड़ दें तो वर्ग हो जाता है।

इस प्रश्न में 5 प्रकृति कहलाएगा और 4 क्षेपक।

मान लो कि हमने 1 को इष्ट कल्पना किया।

तो हमारा कनिष्ठ 1 हुआ।

कनिष्ठ 1 के वर्ग को प्रकृति 5 से गुणा किया तो फल 5 हुआ।

इस गुणनफल 5 में 4 जोड़ा तो 9 आया।

इस 9 का मूल 3 हुआ।

3 हमारा ज्येष्ठ हुआ।

प्रकृति 5 कनिष्ठ 1 ज्येष्ठ 3 क्षेपक 4

यदि हम गुणनफल 5 में 4 जोड़ने के बदले उसमें से 1 घटाएँ तो 4 मिलता है, जिसका मूल 2 है। उस दशा में हमारी संख्याएँ इस प्रकार होंगी–

प्रकृति 5 कनिष्ठ 1 ज्येष्ठ 2 क्षेपक–1

अब मान लीजिए कि हमने 1 के स्थान पर इष्ट संख्या के लिए 3 की कल्पना की। 3 का वर्ग हुआ 9

9 और प्रकृति 5 का गुणनफल हुआ 45

45 का समीपतम वर्ग है 49 जो 4 जोड़ने से मिलता है। और 49 का वर्ग मूल है 7

अतएव हमारी संख्याएँ ये हुईं–

प्रकृति 5 कनिष्ठ 3 ज्येष्ठ 7 क्षेपक 4

ऊपर दिए हुए श्लोक के आगे भाष्कराचार्य इस प्रकार के प्रश्नों के उत्तर निकालने की विधि बताते हैं। परंतु यहाँ हमारा उद्देश्य केवल पारिभाषिक शब्दों का अर्थ समझना है। अतएव हम 'वर्ग प्रकृति' के विस्तार में नहीं जाना चाहते, केवल तीन चार अन्य पारिभाषिक शब्दों का वर्णन करते हैं।

मूलानयन=मूल निकालना

ऊन=हीन अर्थात् कम किया हुआ–11 ऊन 3 का अर्थ हुआ 3 कम 11 अर्थात् 11–3 अर्थात् 7

दुष्ट=असंभव प्रश्न को दुष्ट अथवा अशुद्ध प्रश्न कहते हैं। मान लो कि कोई ऐसा प्रश्न करे–

उस त्रिभुज का क्षेत्रफल निकालो जिसकी भुजाएँ 2,4 और 9 हों, तो यह दुष्ट उदाहरण कहलायेगा क्योंकि इन लंबाइयों की भुजाओं का त्रिभुज बन ही नहीं सकता।

इस प्रकार के शब्द पारिभाषिक भाषा में डालने का कारण यह प्रतीत होता है कि प्राचीन समय में हमारे पूर्वज प्रत्येक विद्या को धार्मिक दृष्टिकोण से देखते थे। अतएव उनकी समस्त पुस्तकों में, चाहे वह किसी भी विषय की हों, धार्मिक पुट रहता था। इस प्रसंग में 'लीलावती' के क्षेत्र व्यवहार का एक श्लोक देना अनुपयुक्त न होगा।

लम्बयोः कर्णयोर्वकम निर्दिश्या परान्कथम्।
पृच्छत्य नियतत्वेऽपि नियतं चापि तत्फलम्।।
स प्रच्छकः पिशाचो वा वक्ता वा नितरां ततः।
यो न वेत्ति चतुर्बाहौ क्षैत्रे ह्य नियतां स्थितिम्।।*

इसका अर्थ यह है कि 'किसी एक चतुर्भुज में एक लंब अथवा एक कर्ण न दिया हो तो चतुर्भुज अनियत रहता है। जो कोई बिना कर्ण अथवा लंब दिए चतुर्भुज का क्षेत्रफल पूछता है, पिशाच है। और जो कोई ऐसे प्रश्न का उत्तर देने का प्रयत्न करता है, महा पिशाच है'।

'लीलावती' की शब्दावली

हमारे पुरखों को किसी वाक्य में से एक स्वर घटाने में उतना ही आनंद मिलता था जितना एक पुत्र के जन्म में। कम से कम गणितीय शब्दावली के संबंध में तो यह बात अक्षरशः सत्य बैठती है। हमारे प्राचीन गणितज्ञों की शब्दावली बहुत विकसित थी। यदि हम यह कहें कि जितना विकास आज हम अंग्रेज़ी की शब्दावली में देखते हैं उससे भी अधिक विकास हमारे पूर्वजों की गणितीय शब्दावली में हो चुका था तो इसमें कोई अतिशयोक्ति न होगी। एक उदाहरण मैं यहाँ देता हूँ।

मान लो कि का खा गा घा एक चतुर्भुज है। का खा उसका **आधार** अथवा **भूमि** है और घा, गा से घा चा, गा छा भूमि पर लंब डाले गए हैं। तो यह दोनों चतुर्भुज के लंब कहलाते हैं।

स्पष्ट है कि का चा = $\sqrt{\text{घा का}^2 - \text{घा चा}^2}$

का चा को लंब घा चा की संधि कहते हैं।

भूमि का खा का शेष भाग चा खा इस संधि की पीठ कहलाता है। इसी प्रकार छा खा लंब गा छा की संधि हुई और का छा इस संधि की पीठ।

छा खा लंब घा चा के लिए **परसंधि** हुई और का छा **परपीठ**।

इसी प्रकार लंब गा छा की परसंधि का चा है और परपीठ चा खा।

मान लो कि विकर्ण का गा लंब घा चा को जा पर काटता है।

लीलावती के क्षेत्रव्यवहार नामक अध्याय में यह सूत्र आता है—

$$\frac{\text{संधि} \times \text{परलंब}}{\text{परपीठ}} = \text{लंब का अधोखंड}$$

'लंब का अधोखंड' से तात्पर्य जा चा से है।

हमारी आकृति के शब्दों में

$$\frac{\text{का चा} \times \text{गा छा}}{\text{का छा}} = \text{जा चा।}$$

इसी प्रकार का जा को विकर्ण का अधोखंड कहते हैं जिसके लिए संवादी सूत्र है–

$$\frac{\text{सन्धि} \times \text{विकर्ण}}{\text{परपीठ}} = \text{विकर्ण का अधोखण्ड}$$

$$\text{अर्थात्}\ \frac{\text{का चा} \times \text{का गा}}{\text{का छा}} = \text{का जा।}$$

तत्पश्चात् कुछ जटिल व्याख्याएँ दी हैं :

$$\frac{\text{सन्धि} \times \text{परलम्ब}}{\text{लम्ब}} = \textbf{लम्ब का सम}$$

सम + परसंधि = **लंब का हार**

अब मान लो कि चतुर्भुज की भुजाएँ का घा, खा गा बढ़ाने से टा पर मिलती हैं। तो त्रिभुज का खा टा चतुर्भुज का सूची कहलाता है।

इस त्रिभुज की ऊँचाई टा ठा सूचीलंब और भुजाएँ टा का, टा खा सूचीभुज कहलाती हैं।

का ठा और ठा खा भूमि का खा की आबाधाएँ कहलाती हैं।

सूचीलंब, सूचीभुज और आबाधाएँ निकालने के लिए भी सुघटित नियम दिए गए हैं। परंतु इस समय मेरा प्रयोजन केवल शब्दावली से है। अतः यहाँ उन सूत्रों का देना अनावश्यक प्रतीत होता है।

अब का के मध्येन् भूमि पर का डा लंब डालो जो विस्तृत विकर्ण से डा पर मिले। तो का डा को लंब घा चा का वंश कहेंगे। इसी प्रकार आकृति

में लंब गा छा का वंश ढा खा है।

पाठक इस उदाहरण से अनुमान लगा सकते हैं कि हमारे प्राचीन गणितज्ञों की शब्दावली बुद्धि कितनी विकसित थी। इन पंक्तियों के लेखक ने आकृति 1 के समान आकृतियाँ न जाने कितनी बार कक्षा में श्यामपट्ट पर बनाई हैं परंतु आज तक कोई भी प्रसंग ऐसा न आया जिसमें आकृति की भिन्न-भिन्न रेखाओं को इतने विस्तारपूर्वक पृथक्-पृथक् नाम दिए गए हों।

आज जब हम शब्दावली बनाने बैठते हैं तो सबसे पहला प्रश्न यह उपस्थित होता है कि क्या पुराने समस्त पारिभाषिक शब्दों को ज्यों का त्यों अपना लिया जाए। बिना कारण उन शब्दों को बदलना तो न्यायसंगत दिखाई नहीं देता। उन शब्दों पर हिंदू संस्कृति की छाप लगी हुई है। वह शब्द हमारे पूर्वजों के अमिट पद चिह्न हैं, अतः समय द्वारा सम्मानित हैं। अतएव उद्योग तो यही होना चाहिए कि वह शब्द ज्यों के त्यों हमारी शब्दावली में अपना लिए जाएँ। परंतु कहीं-कहीं शब्दों में परिवर्तन करना आवश्यक हो सकता है, विशेषकर ऐसे शब्दों में जो बहुत लंबे हों अथवा सर्वथा अनुपयुक्त हों। मैं दो एक उदाहरण देकर अपना तात्पर्य स्पष्ट करता हूँ।

लीलावती के 'क्षेत्र व्यवहार' नामक अध्याय में निम्नलिखित शब्दावली का प्रयोग किया गया है।

समचतुर्भुज	र्‌हौम्बस
समकरण-समचतुर्भुज	वर्ग (स्क्वेयर)
समान लंब-चतुर्भुज	ट्रैपेज़ियम

यदि मान लिया जाए कि समचतुर्भुज र्‌हौम्बस के लिए उपयुक्त पर्याय है तो भी क्या वर्ग के लिए इतना लंबा नाम—समकर्ण समचतुर्भुज—रखना उचित होगा? माना कि इस नाम से वर्ग की आकृति की पूरी व्याख्या स्पष्ट हो जाती है, परंतु पर्यायवाची शब्द का प्रयोजन केवल संक्षिप्त नामकरण है न कि विस्तारपूर्वक गुण वर्णन। व्यक्तियों के नाम भी इस ढंग से नहीं रखे जाते कि नाम से ही व्यक्ति के सारे गुण स्पष्ट हो जाएँ।

समानलंब चतुर्भुज भी वर्णनात्मक नाम है : ऐसा चतुर्भुज जिसके दोनों लंब समान हों। परंतु यदि यह शब्द बहुत छोटा न भी हो सके तो भी इसे समलंबभुज तो कह ही सकते हैं।

प्राचीन ग्रंथों में एक शब्द प्रचलित है। **'समानांतर चतुर्भुज'**–पैरेललोग्राम का पर्याय। प्रथम तो यह नाम सर्वथा निरर्थक है। कोई चतुर्भुज कैसे समानांतर हो सकता है और किसके समानांतर होगा। तिस पर यह नाम लंबा बहुत है। यदि यही नाम सरल और सुंदर होता तो अनुपयुक्त होते हुए भी अपना लिया जाता। छोटे नाम एक प्राकृतिक आकर्षण होता है। बड़े नाम में नैसर्गिक विकर्षण होता है। मेरी समझ में इस नाम में अवश्य ही परिवर्तन करना चाहिए। मैंने अपनी पुस्तकों में इसके स्थान पर 'समानाभुज' लिखा है। गणितज्ञ इस नाम पर विचार कर लें। यदि इससे भी छोटा नाम बन सके तो गणितीय जगत को उसका हार्दिक स्वागत करना चाहिए।

इसी प्रकार का एक लंबा चौड़ा नाम है **'समानांतर षड्फलक'**–पैरेलेलीपाइपेड् का पर्याय। यदि इसके स्थान पर 'समानाफलक' नाम रखा जाए तो अनुचित न होगा। इसी ढंग का एक बड़ा बेढंगा नाम देखने में आया है : **समकोण-समानांतर भौमिक घन** क्यूबौयड का पर्याय।

गणित के प्राचीन ग्रंथों में जो पर्यायवाची शब्द आए हैं, उसमें से बहुतों को पं. सुधाकर द्विवेदी ने अपना लिया था। संवत् 1998 में नागरी प्रचारिणी सभा ने एक पारिभाषिक शब्दावली समिति बनाई। इस समिति ने 8 वर्ष के परिश्रम के पश्चात् एक 'हिंदी वैज्ञानिक शब्दावली' प्रकाशित की। इस समिति को पं. सुधाकर द्विवेदी का सहयोग प्राप्त था। इस शब्दावली में भी बहुत से प्राचीन शब्द समाविष्ट थे। सन् 1930 में सभा ने शब्दावली की पुनरावृत्ति के लिए एक उपसमिति बनाई जिसके अधिकांश सदस्य काशी हिंदू विश्वविद्यालय के वैज्ञानिक विषयों के अध्यापक थे। इस उपसमिति ने प्रत्येक शब्द का परीक्षण किया और पुनरावृत्त शब्दावली सन् 1931 में प्रकाशित कर दी। यह शब्दावली बहुत उपयोगी सिद्ध हुई है और अभी तक भारत के हिंदी भाषी वैज्ञानिकों में प्रामाणिक मानी जाती है।

सन् 1944 में प्रयाग के 'भारतीय हिंदी परिषद' ने विज्ञान के छः मुख्य विषयों की शब्दावली के निर्माण के लिए छः व्यक्तियों को नियुक्त किया। गणित की शब्दावली का कार्य इन पंक्तियों के लेखक को सौंपा गया। लेखक ने 'हिंदी वैज्ञानिक शब्दावली' से प्रचुर सहायता ली और अधिकांश प्राचीन शब्दों को ज्यों का त्यों अपना लिया। परंतु इस शब्दावली में केवल इंटरमीजियेट

तक के ही शब्द आए थे। अतः बी. एस-सी. और एम. एस-सी. के अधिकांश शब्द नए बनाने पड़े। एम. एस-सी. तक की शब्दावली सन् 1945 में 'भारतीय हिंदी परिषद' के कार्यालय में भेज दी गई। अभी उसका मुद्रण नहीं हो पाया है। उसकी एक मुद्रलिखित प्रतिलिपि नागपुर के 'सरस्वती विहार' को भी भेजी गई है जहाँ प्रायः 5 वर्ष से शब्दावली निर्माण कार्य हो रहा है। 'सरस्वती विहार' ने भी इस नीति को अपनाया है कि उस शब्दावली में से यथासाध्य समस्त प्राचीन शब्द ज्यों के त्यों ले लिए जाएँ।

इस प्रकार यह प्रत्यक्ष है कि प्राचीन गणितीय शब्दों का संरक्षण किया जाएगा। इस पंक्तियों के लेखक का अभी तक यह विचार था कि प्राचीन शब्दों में से बहुत थोड़े ऐसे रह गए होंगे जिनका समावेश इन शब्दावलियों में न हुआ हो। परंतु इधर फिर एक बार 'लीलावती' का अवलोकन करने से यह धारणा निर्मूल सिद्ध हुई। इसी एक पुस्तक में अभी दर्जनों शब्द ऐसे पड़े हैं जो सरल, सुंदर और उपयुक्त हैं और अभी तक अछूते बचे हुए हैं। एक सूची मैं यहाँ देता हूँ।

लीलावती का शब्द	**अर्थ**
अबाधा, अवधा	खंड (सेग्मैंट)
प्रकार	विधि
संपात	कटान
धनुष	चाप (अ की)
वेध	गहराई
अपवर्तनांक	कौमन फैक्टर
अन्त्य	अंतिम
उपान्त्य	अंतिम से पहला
छित्, छेद	हर (डिनौमिनेटर)
उदिष्ट	न्यस्त, दिया हुआ
जात्य त्रिभुज	समकोण त्रिभुज
आसन्न मान	ऐप्रोक्सिमेट वैल्यू
जलसम भूमि	समतल भूमि
अस्त्र	कोण

सूक्ष्म भिन्न	प्रौपर फ्रैक्शन
स्थूल भिन्न	इम्प्रौपर फ्रैक्शन
तष्ट करना	भाग देना

इन शब्दों में से कुछ का प्रयोग कभी-कभी कुछ लेखक करते हैं परंतु अभी तक इनका समावेश कदाचित किसी शब्दावली में नहीं हो पाया है।

इस सूची में केवल ऐसे ही शब्द दिए गए हैं जिनके संवादी पर्याय अंग्रेजी गणितीय शब्दावली में विद्यमान हैं परंतु हमारी प्राचीन शब्दावली में अनेक शब्द ऐसे भी हैं जिनके अर्थों के लिए अंग्रेजी में विशेष नाम कभी रखे ही नहीं गए। उनके स्थान पर पूरे-पूरे वाक्यांशों का प्रयोग होता है। हम यहाँ कुछ उदाहरण लीलावती के 'समांतर श्रेढ़ी'—अरिथमेटिक प्रोग्रेशन नामक अध्याय से देते हैं :

आदि, मुख	श्रेढ़ी का प्रथम पद
चय, वृद्धि	सार्वांतर
गच्छ	पदों की संख्या
अन्त्यधन	श्रेढ़ी का अंतिम पद
मध्यधन	श्रेढ़ी का मध्य पद
सर्वधन, श्रेढ़ीफल	श्रेढ़ी के पदों का योग

हमारे प्राचीन गणितज्ञ सूत्रों को वर्णनात्मक भाषा में लिखा करते थे। कदाचित इसी कारण उन्हें इतने अधिक पारिभाषिक शब्द बनाने पड़ते थे। ऊपर दिए हुए छः शब्दों में से एक के लिए भी अंग्रेजी में कोई अकेला पर्याय नहीं है। इन भावों को अंग्रेजी में वाक्यांशों द्वारा ही व्यक्त किया जाता है।

अब तनिक सर्वधन के सूत्र पर भी विचार कीजिए :

व्येकपदघ्नचयो सुखयुक् अन्त्यधनं स्यात्। तत्मुखयुग् दलितं मध्यधनं भवति, तच्च पदगुणितं सर्वधनं भवति।

अर्थात् एक से हीन गच्छ को चय से गुणा करके आदि जोड़ दो, तो अन्त्यधन मिल जाएगा। अन्त्यधन में आदि जोड़ कर आधा करने से मध्यधन आता है। मध्यधन को गच्छ से गुणा करने से सर्वधन होता है।

□□